유네스코 동물권리선언 탐구생활

유네스코 동물권리선언 탐구생활

초판 1쇄 발행 2023년 9월 20일   초판 3쇄 발행 2024년 6월 10일
글쓴이 배병호 정종영   그린이 김용길

펴낸이 이영선
책임편집 김문정
편집 이일규 김선정 김문정 김종훈 이민재 이현정
디자인 김희량 위수연
독자본부 김일신 손미경 정혜영 김연수 김민수 박정래 김인환
펴낸곳 파란자전거   **출판등록** 1999년 9월 17일(제406-2005-000048호)
주소 경기도 파주시 광인사길 217(파주출판도시)   **전화** (031)955-7470   **팩스** (031)955-7469
홈페이지 www.paja.co.kr   **이메일** booksea21@hanmail.net

ⓒ 배병호·정종영·김용길, 2023
ISBN 979-11-92308-39-5 73330

파란자전거는 도서출판 서해문집의 어린이 책 브랜드입니다. 페달을 밟아야 똑바로 나아가는 자전거처럼 파란자전거는 어린이와 청소년이 혼자 힘으로도 바르게 설 수 있도록 도와줍니다.

어린이제품안전특별법에 의한 제품 표시
제조자명 파란자전거   **제조년월** 2024년 6월   **제조국** 대한민국   **사용연령** 11세 이상 어린이 제품
⚠ **주의** 책의 모서리가 날카로우니 던지거나 떨어뜨려 다치지 않도록 주의하세요.
KC 마크는 이 제품이 공통안전기준에 적합하였음을 의미합니다.

착한 사회를 위한 **공존과 생명권 이야기**

유네스코 동물권리 선언 탐구생활

배병호·정종영 글 | 김용길 그림

파란자전거

| 추천의 말 |

존중과 공존의 방식을 바꿔야 할 때

 반려동물을 키우는 인구가 늘어나면서 동물에 대한 관심도 자연스럽게 증가했습니다. 이제 우리 사회는 사람과 반려동물이 공존하며 더 성숙한 반려 문화를 요구합니다. 성숙한 반려 문화는 동물에 대한 존중에서 시작합니다. 1978년 유네스코에서 동물의 권리를 선언했지만, 동물 대량 학살, 동물 학대 등은 우리 사회에 아직도 남아 있습니다. 인간의 특권이자 권리라고 말하는 생명권, 자유권, 행복추구권에 가로막혀 제대로 힘을 쓸 수 없기 때문입니다.

 반려동물 행동교정사라는 사명감으로 인생의 절반을 동물과 함께 살아왔고, 다양한 사람을 만나 동물에 관해 이야기했습니다. 하지만 대부분의 관심이 아직 반려동물에만 쏠렸다는 것에 마음이 늘 씁쓸

했습니다. 모든 동물이 반려동물처럼 존중받아야 하는 것이 너무 당연한데도 말입니다.

이심전심일까요? 이런 바람이 이 책에서 느껴졌습니다. 《유네스코 동물권리선언 탐구생활》은 유네스코에서 선포한 세계동물권리선언문에 관한 책이지만, 조금 더 깊이 들여다보면 우리가 동물을 어떻게 존중하고 사랑해야 하는지 자세히 알려 줍니다. 세상에 존재하는 모든 동물에게 관심을 가지기에 충분할 만큼의 지식과 사례를 보여 주지요. 동물에게 권리가 왜 필요한지, 사람이 동물에게 어떤 고통을 주는지, 동물 권리 존중이 인간에게 왜 필요한지 등을 십 대 눈높이에서 자세히 다뤘습니다. 특히 세계동물권리선언문에 나온 조항을 하나하나 쉽게 풀어 사례와 함께 자세히 곱씹었다는 점도 매우 흥미롭습니다. 이 책이 동물의 권리에 대한 교양서를 넘어 동물 권리 향상을 위한 하나의 이정표가 되기를 기대합니다.

동물 복지와 생태 복지를 실천하는 오랜 지인 배병호 님, 생태 환경 분야에서 열정적으로 활동하는 정종영 작가님의 노력이 동물 권리 향상을 위한 더 큰 도약이 되기를 바랍니다.

이웅종 교수
상근이 아빠, 반려동물 행동교정 전문가

| 글쓴이의 말 |

야생동물이 자유롭게 뛰어놀 수 있는 세상

해변에서 점심을 먹는데 야자나무 위에서 뭔가 빠르게 움직였어요. 고양이인가 했는데 자세히 보니 원숭이였어요. 조금 더 가까이 다가가자, 원숭이가 슬금슬금 눈치를 보면서 내려와 잽싸게 음식을 낚아채 갔어요. 음식을 다 먹고 나더니 내게 인사했죠. 카메라를 들자, 멋진 포즈를 취하면서. 전 원숭이와 더 오랜 시간 눈을 맞추고 싶었어요. 과자 한 봉지를 뜯어서 모래사장에 두었죠. 이번에는 친구까지 데려와 한 봉지를 금세 해치웠어요. 원숭이가 사라지자, 이번에는 악어 같은 도마뱀 한 마리가 슬금슬금 다가와 뱀처럼 혀를 내밀고 천천히 움직였어요. 해변에 있는 몇몇 사람과 눈을 마주치고는 다시 숲으로 돌아갔어요.

이튿날에는 작은 강을 따라 맹그로브 숲 사이를 배로 이동했어요. 악어 한 마리가 유유히 헤엄쳐 강을 가로지르더니, 숲에서 원숭이가 뛰어나와 고개를 갸웃하며 빙긋 웃었어요.

동화 속 한 장면 같지만 2023년 2월, 맹그로브 숲을 보러 말레이시아 자바섬에 갔다가 운 좋게 경험한 일입니다. 한국 같으면 동물원에서나 볼 수 있는 야생동물을 일상에서 경험할 수 있다는 게 놀랍기도 하고, 훼손되지 않은 자연이 정말 탐났어요. 아름다운 자연과 야생동물이 뛰어놀 수 있는 그런 곳이 사람에게도 좋은 환경인데 말이에요.

대한민국은 경제를 발전시키면서 생태계를 수없이 파괴했고, 예전에는 흔하게 볼 수 있던 야생동물까지 이제는 귀한 몸이 되어 버렸어요. 경제 발전과 맞바꾼 대가죠. 세상에는 공짜가 없어요. 하나를 얻으면 하나를 잃어야 하는 게 당연한 이치예요.

이제부터 조금 늦게 가더라도 생태계를 먼저 생각했으면 해요. 그런 의미에서 유네스코에서 정한 세계동물권리선언문은 우리가 나아가야 할 방향의 이정표가 될 수 있어요. 우리가 모든 생명체를 존중하고 지켜 줄 때, 생태계는 더 건강해지고 인류는 지속 가능한 성장을 이뤄 낼 수 있답니다.

2023년 9월
배병호, 정종영

차례

추천의 말
존중과 공존의 방식을 바꿔야 할 때   4

글쓴이의 말
야생동물이 자유롭게 뛰어놀 수 있는 세상   6

프롤로그
음식, 재료, 이동 수단이 아니라 생명입니다   12

제1부 왜 동물에게 권리가 필요할까요?

함께 생각해 봐요!

1 모든 동물의 생명이 중요한 이유   16
   축제 때문에 고통받는 동물
   점점 늘어나는 동물 학대 사건
   소, 닭, 돼지도 동물일까요?

2 사람이 동물을 마음대로 죽여도 될까   23
   야생동물이 왜 사라졌을까요?
   지구를 점령한 동물과 사라지는 동물
   모든 동물을 보호하고 보살펴야 하는 이유

3 동물에게 권리가 있을까   33
   치킨은 닭이 아니에요
   젖소는 우유 만드는 기계, 돼지는 고기로 바뀌는 자판기
   동물에게 있는 다섯 가지 자유
   동물 복지 축산 농장이 뭐예요?

육식과 채식, 어떤 것이 좋을까?   · 44

사람이 제일 위험해!

제2부
함께 생각해 봐요!

유기 동물 안락사, 어떻게 생각해? • 90

4 위험한 초원, 안전한 동물원 … 48
   서식지 보호가 왜 중요할까요?
   멸종 위기 동물을 지켜라!
   멸종위기종 살리는 동물원

5 사람과 같이 사는 게 좋을까 … 60
   참새 소탕 작전이 불러온 참사
   유리창 살해 사건, 조류 충돌
   도로 위 사망 사건, 로드킬

6 작고 귀여운 강아지를 키우고 싶어! … 70
   펫숍의 강아지는 어디서 왔을까요?
   귀여울 땐 반려견, 아프면 천덕꾸러기
   법으로만 지킬 수 있는 자유와 복지

7 네발 노동자의 비명 … 79
   추운 곳에서 짐과 사람을 날랐던 동물
   사나운 동물을 얌전하게 만드는 코뚜레
   재갈을 물리고 굴레를 씌워라!
   미션 임파서블, 우리에게 불가능은 없어요!

제3부 우리도 생명이라고요!

함께 생각해 봐요!

동물실험, 왜 필요할까? • 134

8 　인간의 아바타가 된 실험동물　94
　　과학자 대신 우주로 간 라이카
　　많은 사람을 살린 비글의 희생
　　눈물 없는 토끼의 눈물
　　이래도 동물실험을 해야 하나요?

9 　'가축'이라 쓰고, '식품'으로 읽는다　105
　　안전하고 편안하게 그리고 고통 없이
　　가축이 아니어서 더 고통받는 동물
　　'동물'보호법은 누구를 보호하나요?

10 　너의 고통은 나의 즐거움　115
　　물고기의 기억력이 3초라고?
　　돈을 내고 괴롭히는 동물 체험 교육
　　동물에게 싸움을 꼭 시켜야 할까요?

11 　입고 먹는 것에 가려진 잔인함　126
　　산 채로 털이 뽑히는 오리와 거위
　　산 채로 가죽을 벗겨 만든 털옷
　　살아 있어야 제맛이라고!

마지막까지 더 잔인하게

제4부 함께 생각해 봐요!

12 Ctrl + A , Delete   138
반경 10km 안은 모두 죽여라!
물고기 씨를 말려라!
이젠 멈춰야 해요

13 내 죽음을 사람에게 알리지 마라!   147
친구를 쓰레기봉투에 넣으라고요?
게임 하듯 사냥한다고?
죽어라 뛰었지만
사체로 돌아가는 공장

14 동물이 조금 더 행복해지려면   156
동물보호법과 동물보호단체가 중요해요
히틀러가 동물보호법을 만들었다고?
돼지에게 장난감을
한 발씩 더 나아가요!

부록
함께 읽는 세계동물권리선언 • 170
조화로운 공존을 위한 세계 기념일들 • 174

지하철역과 맹꽁이,
무엇이 더 중요할까? • 166

| 프롤로그 |

음식, 재료, 이동 수단이 아니라 생명입니다

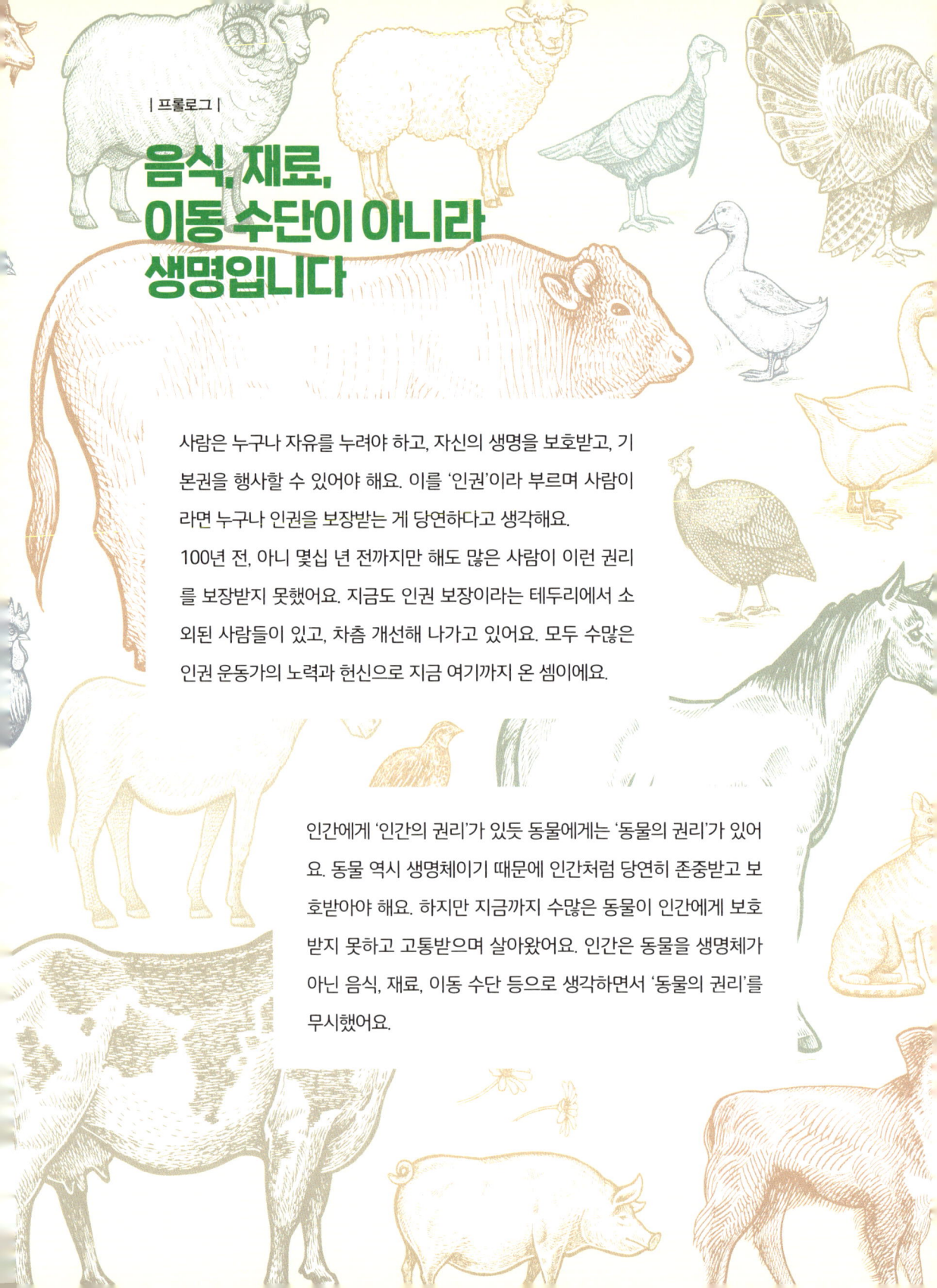

사람은 누구나 자유를 누려야 하고, 자신의 생명을 보호받고, 기본권을 행사할 수 있어야 해요. 이를 '인권'이라 부르며 사람이라면 누구나 인권을 보장받는 게 당연하다고 생각해요.

100년 전, 아니 몇십 년 전까지만 해도 많은 사람이 이런 권리를 보장받지 못했어요. 지금도 인권 보장이라는 테두리에서 소외된 사람들이 있고, 차츰 개선해 나가고 있어요. 모두 수많은 인권 운동가의 노력과 헌신으로 지금 여기까지 온 셈이에요.

인간에게 '인간의 권리'가 있듯 동물에게는 '동물의 권리'가 있어요. 동물 역시 생명체이기 때문에 인간처럼 당연히 존중받고 보호받아야 해요. 하지만 지금까지 수많은 동물이 인간에게 보호받지 못하고 고통받으며 살아왔어요. 인간은 동물을 생명체가 아닌 음식, 재료, 이동 수단 등으로 생각하면서 '동물의 권리'를 무시했어요.

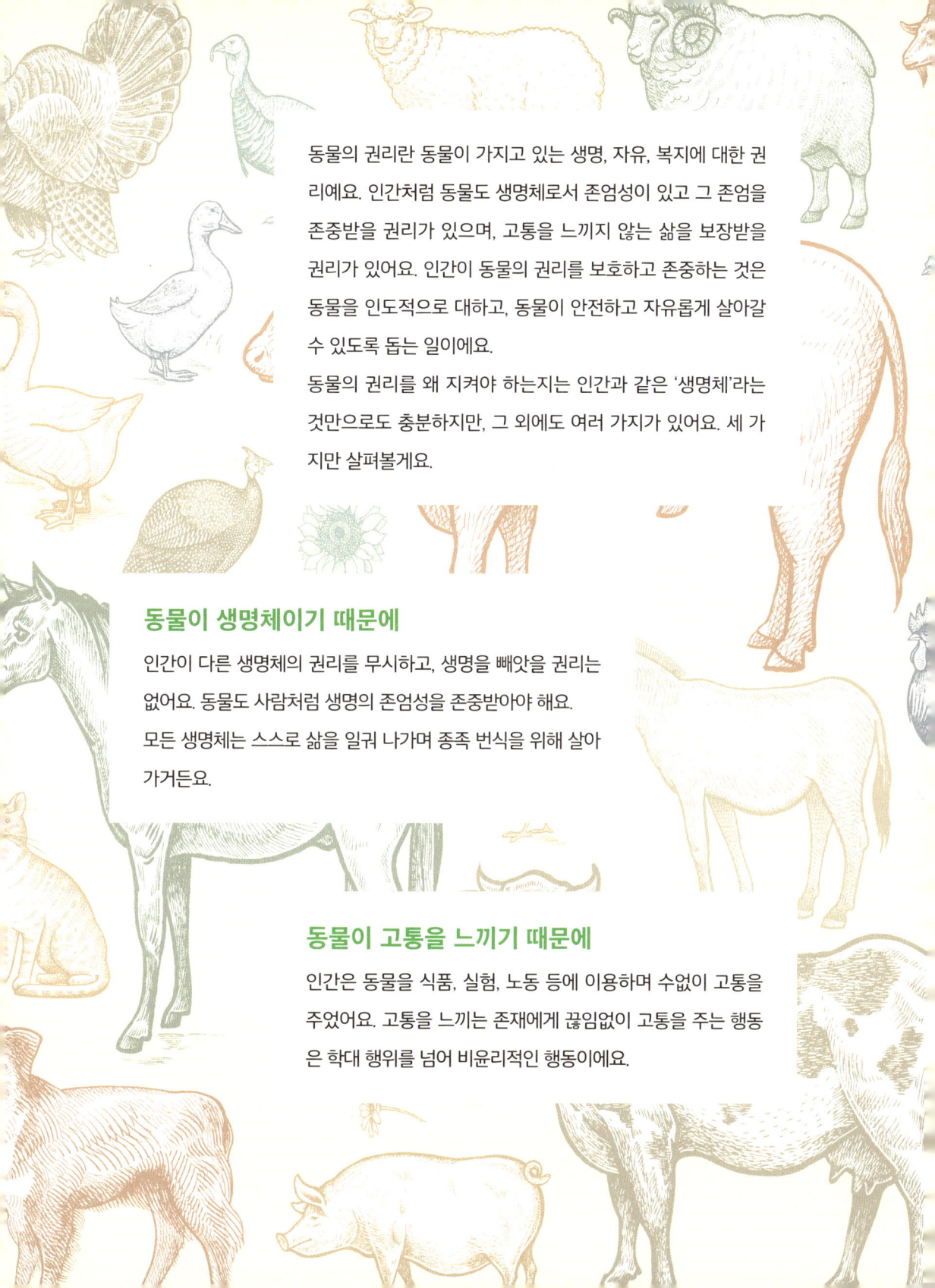

동물의 권리란 동물이 가지고 있는 생명, 자유, 복지에 대한 권리예요. 인간처럼 동물도 생명체로서 존엄성이 있고 그 존엄을 존중받을 권리가 있으며, 고통을 느끼지 않는 삶을 보장받을 권리가 있어요. 인간이 동물의 권리를 보호하고 존중하는 것은 동물을 인도적으로 대하고, 동물이 안전하고 자유롭게 살아갈 수 있도록 돕는 일이에요.

동물의 권리를 왜 지켜야 하는지는 인간과 같은 '생명체'라는 것만으로도 충분하지만, 그 외에도 여러 가지가 있어요. 세 가지만 살펴볼게요.

동물이 생명체이기 때문에

인간이 다른 생명체의 권리를 무시하고, 생명을 빼앗을 권리는 없어요. 동물도 사람처럼 생명의 존엄성을 존중받아야 해요. 모든 생명체는 스스로 삶을 일궈 나가며 종족 번식을 위해 살아가거든요.

동물이 고통을 느끼기 때문에

인간은 동물을 식품, 실험, 노동 등에 이용하며 수없이 고통을 주었어요. 고통을 느끼는 존재에게 끊임없이 고통을 주는 행동은 학대 행위를 넘어 비윤리적인 행동이에요.

동물이 자유롭게 살 권리가 있으므로

인간은 지금까지 동물의 자유를 억압했어요. 서식지를 빼앗고, 우리에 가두고, 환경을 파괴하고, 야생동물을 멸종시키며 동물의 자유와 생명을 빼앗았어요. 사람에게 자유가 필요하듯 동물도 자유롭게 살 권리가 있어요.

동물은 인간에게 많은 것을 주고 떠나지만, 지금까지 인간은 동물에게 많은 고통을 안겨 주었어요. 받은 게 있다면 보답하는 것이 사람의 도리인데, 인간은 유독 동물에게 인정을 베풀지 않았어요. 동물의 고통을 모른 척하며 사는 것은 바람직한 인간의 태도가 아니에요. 우리는 동물의 권리를 알고 기억하며 보호해야만 해요. 우리가 이러한 노력을 계속할 때, 모든 생명체가 지구에서 행복하게 살 수 있답니다.

제1부

왜 동물에게 권리가 필요할까요?

모든 동물의 생명이 중요한 이유

1

모든 동물은 생명에 대한 동등한 권리와
동등한 생존권을 가지고 태어난다.

세계동물권리선언 제1조

　모든 동물에게는 생명에 대한 동등한 권리와 동등한 생존권이 있어요. 하지만 인간은 동물의 생명을 존중하지 않을 때가 많아요. 동물 학대, 동물 유기, 동물을 이용한 축제, 식용으로 사용하는 가축을 보면 동물이 생명체인지 물건인지 구분하기 힘들기도 해요. 동물의 생명과 권리를 존중하는 것이 인간인 우리에게는 어떤 의미가 있을까요?

　별것 아닌 듯 보여도 동물의 생명과 권리를 존중하는 것은 윤리적 책임을 다하는 일이며, 동물 복지를 더 나아지게 한다는 큰 뜻을 담고 있어요. 동물도 생명체며 사람과 마찬가지로 살아야 할 이유가 있어요. 또 동물의 생명과 권리를 존중하면 동물은 더욱 건강하고 행복하게 살 수 있어요.

이런 관점에서 동물의 생명과 권리를 어떻게 존중해야 하는지 하나씩 살펴볼게요.

축제 때문에 고통받는 동물

대한민국 지역 곳곳에서 축제가 많이 열려요. 지역 특산물을 홍보하고 지역 경제를 돕기 위한 수단이죠. 그래서 축제 이름에 특산물이나 그 지역에 사는 동물 이름이 들어가는 경우가 꽤 많아요. 빙어, 송어, 은어처럼 물고기 이름이 들어간 축제 말이에요.

겨울철이면 사람들이 송어나 산천어 잡는 축제를 많이 찾아가요. 한겨울에도 백만 명이 넘는 인파가 몰렸다는 기사를 종종 보거든요. 게다가 인터넷으로 이런 축제를 검색하면 '황금 송어 잡는 법', '산천어 낚시 비법'이라는 게시 글이 많아요. 혹시 여러분도 이런 글을 읽으면, 겨울을 즐기며 손맛을 느껴 보고 싶다는 충동에 빠질지 몰라요.

축제장 풍경은 어떨까요? 얼음판 위에서 커다란 송어 한 마리를 잡으면 모두 소리치며 함박웃음을 지어요. 펄떡펄떡 뛰는 송어가 징그럽다며 제대로 잡지도 못해요. 낚싯바늘에서 송어를 겨우 빼내 얼음 위에 던져 버리기도 해요. 송어는 얼음판에서 몇 번 펄떡대다가 금세 죽죠. 예쁜 송어를 잡앉을 때, 반려견처럼 머리를 쓰다듬어 주거나 물 밖으로 나오면 죽을 수 있으니 다시 물속에 넣어 주는 사람이 몇 명이나 될까요? 송어의 비극은 여기서 끝나지 않아요. 화려한 축제의 뒷면에는 반드시 씁쓸한 그림자가 뒤따르기 마련이거든요. 축제장의 송어는 관광객의 짧은 기쁨을 위해 이용되는 처참한 희생물이에요. 축제를 위해 대량으로 사육하는 유전자 변형 물고기, 운송 중에 다치는 물고기, 축제가 끝나면 남은 물고기는 모두 쓰레기처럼 버려진답니다.

결국 축제장에서 송어는 생명체가 아니라 인간의 짧은 즐거움을 위한 일회용 장난감일 뿐이에요. 이런 행위는 축제를 찾아오게 하는 홍보 수단일 뿐, 동물을 사랑하고 존중하는 행동이 아니에요.

점점 늘어나는 동물 학대 사건

동물 관련 TV 프로그램을 보다가 깜짝 놀란 적이 있어요. 두 눈을 뜨고 볼 수 없을 만큼 강아지 모습이 끔찍했거든요. 양쪽 귀 아래에서 입까지 피부가 녹았고, 앞도 제대로 볼 수 없는 상태였어요. 수의사가 강아지 상태를 설명했어요. 누군가 강아지 머리 부분을 치켜세우고 위에서 염산 같은 화학 약품을 뿌렸다고요. 너무나도 끔찍한 동물 학대 사건이었어요. 프로그램을 진행하는 내내 진행자뿐만 아니라 많은 사람이 얼굴을 찌푸리고

안타까워했어요.

이와 비슷한 사건은 TV나 인터넷을 통해 종종 접해요. 그때마다 불쌍하다는 말과 함께 동물을 학대한 사람을 비난하는 댓글이 수없이 달려요. 반려동물을 키우는 가구가 600만을 넘는 요즘이다 보니 강아지나 고양이를 가족이라고 생각하는 경우가 많아요. 물론 가족이라는 말에 동의하지 않는 사람도 있을 거예요. 가족으로 생각하든지 생각하지 않든지 반려동물이 증가한 만큼 동물 학대 사건이 늘었다는 점에 주목해야 해요. 게다가 유기 동물 수도 정말 많이 늘었어요. 점차 줄어드는 추세라고는 하지만, 2022년에도 유기 동물 수는 11만 마리를 넘고 있어요.

동물 학대란 이유 없이 동물을 괴롭히는 모든 행동을 말해요. 때리거나, 아픈데 치료를 안 해 주거나, 밥을 굶기는 것 등 모두가 동물을 학대하는 행동이에요. 동물을 학대하는 이유는 다양하겠지만, 가장 큰 이유는 동물을 생명체가 아닌 물건으로 생각하기 때문이에요. 생명체가 아니니 물건처럼 쉽게 데려오고, 쉽게 버릴 수 있다고 생각해요. 게다가 장난감처럼 가지고 놀면서 괴롭히기까지 하죠.

갓 태어난 아기는 이성적으로 생각하고 행동할 수 없어요. 그렇다고 해서 아기를 장난감처럼 취급하면서 함부로 대하는 사람은 없어요. 그래서는 절대 안 되고요. 하지만 동물을 대할 때는 조금 달라요. 다 자란 돼지는 3~4세 아이 수준의 지능을 가졌다고 해요. 아이큐가 70~80 정도 되죠. 그렇다고 돼지를 아기처럼 존중하면서 보호하지는 않아요. 이런 점을 볼 때, 우리 사회가 아직 생명에 대한 존중과 동물에 대한 이해가 조금 부족하다는 생각이 들어요.

소, 닭, 돼지도 동물일까요?

소, 닭, 돼지를 반려동물처럼 집에서 안아 주고, 씻겨 주고, 놀아 주는 사람은 거의 없어요. 개와 고양이는 사람이 돌봐야 할 동물이라 생각하지만, 식탁에 오르는 소와 닭과 돼지는 그렇게 생각하지 않기 때문이에요.

많은 사람이 동물을 이렇게 구분해서 생각하는 이유는 무엇일까요? 동물의 의미는 여러 갈래로 살펴볼 수 있어요. 국어사전에서는 '사람을 제외한 길짐승, 날짐승, 물짐승 따위를 통틀어 이르는 말'로 설명해요. 하지만 대한민국 동물보호법을 보면 설명이 조금 달라요.

동물보호법에서 동물이란, 고통을 느낄 수 있는 신경 체계가 발달한 등뼈가 있는 동물(척추동물)로서 포유류, 조류, 파충류, 양서류, 어류라고 설명해요. 특히 여기에서는 '식용 가축은 제외'라는 문구가 덧붙었어요.

식용 가축은 제외라니, 놀랄 일도 아니에요. 실제로 많은 사람이 그렇게 생각하고, 인정하기 싫겠지만 여러분도 지금까지 반려동물 외에는 어떤 동물도 평등하게 대한 적이 없을지 몰라요.

반려동물을 키운다면 지금까지 어떤 간식을 주었는지 생각해 보세요.

강아지가 좋아하는 간식에는 소, 닭, 오리, 참치, 연어, 정어리로 만든 제품이 많아요. 소, 닭, 오리, 참치, 연어, 정어리도 동물이잖아요. 모든 동물을 똑같이 아끼고 사랑한다면, 육식동물은 어쩔 수 없더라도 잡식동물에게 동물이 들어간 사료나 간식 주는 것을 한 번쯤 깊이 생각할 필요가 있어요. 여기서 조금 더 나아가 반려동물을 키우는 보호자도 채식 식단을 통해 동물에 대한 사랑을 실천할 수 있고요.

많은 사람이 동물을 사전적 의미가 아닌 동물보호법 의미로 생각하고 있어요. 개와 고양이는 동물로 생각하며 관심을 기울이고 돌보지만, 소, 닭, 돼지는 동물이 아닌 고기와 음식 재료로 생각해요. 소는 우유와 치즈를 만들고 소갈비가 되는 동물, 닭은 달걀을 낳고 치킨이 되는 동물, 돼지는 햄과 소시지를 만들고 삼겹살이 되는 동물 정도로 말이죠.

그렇다고 육식을 하면 안 된다는 말은 아니에요. 동물을 사랑한다면 반려동물뿐만 아니라 모든 동물을 생명체로서 존중해야 한다는 말이에요. '존중'은 생명체가 자유롭게 번식하고, 자유롭게 뛰어놀면서 생태계에서 자신의 역할을 할 수 있도록 도와주는 모든 행동을 뜻해요. 더 많은 사람이 동물의 생명과 생존권을 존중할 때 인간으로서 책임을 다할 수 있고, 동물복지도 더 좋아져요. 게다가 지구 환경도 건강하게 바꿔 나갈 수 있어요.

2

인간은 하나의 동물 종으로서 다른 동물을 몰살하고,
비인도적으로 착취할 권리를 남용하지 않는다.
동물의 복지를 위해 인간의 지식을 사용하는 것이 인류의 의무이다.

세계동물권리선언 제2조 제2항

    인간은 아주 오래전부터 수렵 생활을 했어요. 산이나 들에서 열매를 따 먹거나 짐승을 잡아먹고 살았죠. 이때는 저장 기술이 발달하지 않아 한꺼번에 많이 잡지 않고 그때그때 먹을 만큼 잡았어요. 인간도 자연 생태계의 일부로 살아간 셈이에요. 하지만 수렵 생활이 끝나고 농사를 짓기 시작하면서 인간은 동물을 괴롭히기 시작했어요.

    인간은 야생동물의 서식지를 빼앗고 정착했어요. 야생동물이 살던 곳에 집을 짓고 길을 내고 가축을 키웠죠. 야생동물은 갈 곳을 잃고 점점 사라질 수밖에 없었어요. 가축 역시 힘들기는 마찬가지예요. 가축은 인간의 먹거리가 되기 위해 언제든 죽을 준비를 하며 고통스럽게 살아야 하니까요. 야생동물은 인간과 인간이 키우는 가축 때문에 많이 사라졌어요. 야생동물이 하나둘 사라지다가 멸종에 이르면 생태계 먹이사슬이 끊어지고 다른 동물까지 사라지고 말아요. 7천만 년 전 지구상에서 발생한 다섯 번째 대멸종 이후, 어쩌면 지금이 바로 여섯 번째 대멸종의 시작을 알리는 경고일 수 있어요.

동물을 보호하고 지키는 것은 결국 인간을 위한 일이에요. 동물은 지구 생태계 균형을 유지하는 데 중요한 역할을 하니까요. 야생동물이 멸종하지 않도록 막으려면 우리는 무엇을 해야 할까요?

야생동물이 왜 사라졌을까요?

2020년 세계 최대 민간 자연보호단체인 세계자연기금(WWF)에서 지난 50년간 전 세계 야생동물의 65퍼센트 이상이 급격히 줄어들었다고 발표했어요. 야생동물이 사라진 이유는 다양하지만 인간에 의한 서식지 파괴, 무분별한 토지 이용 등이 주요 원인이에요.

육상동물 중 25퍼센트는 멸종 위기에 처했고, 빠른 속도로 사라지고 있어요. 지금도 15분에 한 종씩 사라져요. 여러분이 이 책을 여기까지 읽는 동안 아마 한두 종은 이미 사라졌을 거예요. 야생동물이 사라진 원인은 모두 사람과 관련이 있어요. 그렇다 해도 여러분과는 전혀 상관없다고요?

여러분이 직접 야생동물을 사냥하고, 서식지를 파괴한 적은 없어요. 하지만 인간이 하는 모든 활동 때문에 야생동물은 살 곳을 잃고 점점 사라져요. 누구나 즐겨 먹는 과자, 라면, 도넛 등에 사용하는 팜유 때문에 숲이 없어져요. 두 눈을 크게 뜨고 과자 봉지 뒷면을 살펴보세요. 팜유라는 글씨가 아주 작게 보일 거예요. 식물성 기름 중 가장 많이 사용하는 것이 기름야자로 짠 팜유예요. 인도네시아와 말레이시아에서 전 세계 생산량

종이 뭘까요?

개와 늑대는 서로 비슷하게 생겼지만, 우리는 늑대를 개라 부르지 않아요. 개와 늑대는 서로 다른 동물이기 때문이에요. 개와 늑대가 다른 동물이라는 것은 서로 '종'이 다르다는 뜻이죠.

종은 생물을 나누는 기본 단위 가운데 가장 낮은 단계예요. 이런 방식으로 생물을 구분하는 방법은 스웨덴의 박물학자인 린네가 만들었어요. 모든 생물을 종 < 속 < 과 < 목 < 강 < 문 < 계로 구분하는 분류 체계죠. 린네가 분류한 종은 몇 가지 공통점이 있어요.

- 같은 종의 생물은 생식적으로 교배가 가능하다
- 같은 종의 생물은 유전적으로 매우 유사하다
- 같은 종의 생물은 생태적 역할이 동일하다

이렇게 단계별로 공통점을 찾아 분류하면 방대하고 복잡한 생물을 쉽게 이해할 수 있고, 생물의 정보 관리도 수월해요.

중 85퍼센트를 생산하지요.

여기서 가장 큰 문제는 인간이 사용할 기름야자를 심기 위해 열대우림을 파괴한다는 사실이에요. 농장을 빨리 만들기 위해 나무를 베지 않고 숲을 태우는 경우가 아주 많아요. 숲이 없어지면서, 야생동물이 동시에 사라졌어요. 팜유 다음으로 많이 사용하는 콩기름도 비슷해요. 콩을 대량으로 재배하는 미국, 브라질, 아르헨티나에서도 농지를 넓히기 위해 숲을 없애거든요.

숲이 사라지면 어떻게 될까요? 풀과 나뭇잎을 먹는 초식동물이 먼저 굶어 죽어요. 뒤이어 초식동물을 먹이로 삼는 육식동물도 굶어 죽겠죠. 과자 한 봉지, 라면 한 봉지를 만들 때 사용하는 팜유 양은 많지 않아요. 하지만 이것이 모이고 모이면 엄청난 양이에요. 우리가 사용하는 식물성 기름만큼 열대우림에 사는 야생동물에게 피해가 돌아가요.

숲이 사라지는 이유는 또 있어요. 인간은 소를 키우기 위해서 숲을 없애요. 게다가 소가 먹는 사료 작물을 키우기 위해 또 숲을 없애요. 인간이 사용할 수 있는 토지 중 30퍼센트는 축사를 만들고 사료 작물을 키우는 데 사용해요. 축산에 필요한 땅은 농업보다 18배나 많아요. 우리가 고기를 많이 먹으면 먹을수록 이런 농장과 농경지는 더 많이 늘어날 거예요.

동물과 처지를 바꿔 생각해 보세요. 우리가 평온하게 살고 있는데, 공룡이 나타났어요. 밭에 심어 놓은 곡식, 우리에 키우는 가축, 창고에 쌓아 둔 곡식까지 모두 버리고 떠나야 하잖아요. 하루 이틀 정도는 괜찮지만,

일주일을 굶으면 모두 굶어 죽겠죠. 동물도 똑같아요. 인간이 침범하여 서식지를 떠나야 한다면, 야생동물이 죽는 건 시간문제예요.

야생동물이 사라지는 걸 막는 일은 동물의 권리를 찾는 일이기도 하지만 인간이 생존하기 위해 꼭 필요한 일이에요. 생활 속에서 야생동물에게 피해를 덜 주는 방법을 찾아보세요. 고기 대신 채소를 먹고, 식용유를 사용하지 않은 간식과 음식을 먹도록 노력해 봐요. 이런 작은 실천이 모이면 야생동물과 함께 행복한 삶을 오래도록 누릴 수 있어요.

고기를 덜 먹으면 소가 줄어들고, 소가 줄어들면 옥수수를 키우는 땅 면적도 줄어들어요. 팜유도 마찬가지예요. 팜유 사용량이 줄어들면, 기름야자를 심기 위해 숲을 없애지 않아도 돼요. 이렇게 시간이 흐르면, 숲은 다시 울창하게 변하겠죠. 숲이 우거지면, 야생동물이 다시 돌아오고요. 멸종만 되지 않았다면 말이에요. 더 늦기 전에 단 1분이라도 빨리 시작하는 게 좋아요. 그래야 한 마리라도 더 살릴 수 있잖아요.

지구를 점령한 동물과 사라지는 동물

닭, 소, 양, 돼지 같은 동물은 인간과 몇천 년을 같이 지내면서 가축이 되었어요. 하지만 생존이라는 측면에서 보면, 인류 역사상 가장 비참한 동물이 바로 가축이에요.

닭은 7~12년을 살지만, 대한민국에 사는 닭(육계)은 대부분 30~32일 만에 죽어요. 우리가 즐겨 먹는 치킨이 되어야 하니까요. 알을 낳는 닭(산란계)은 육계보다는 오래 사는 편이에요. 2~7년을 사니까요. 좁은 닭장 속에서 날개도 펴지 못한 채 평생을 보내야 하지만요. 수평아리의 삶은 아주 끔찍해요. 산란계든, 육계든 수평아리는 태어나자마자 바로 죽어요. 돼지는 9~15년 살지만, 대한민국 돼지는 6개월 정도밖에 못 살아요. 그나마 소가 가장 오래 사는 편이에요. 소는 보통은 20~25년 살지만, 대한민국 소는 30개월 정도 살고 도축장으로 끌려가요.

유엔 식량농업기구(FAO)에 따르면 전 세계에 양과 돼지 각각 10억 마리, 소는 15억 마리, 닭은 190억 마리가 있다고 해요. 이 숫자는 살아 있는 가축 수에 불과해요. 사람이 먹기 위해 죽이는 가축 수를 계산해 보면 매년 700억 마리가 넘어요. 1년에 가축 700억 마리를 고기로 먹는다면 1초당 2,200마리 이상의 가축이 죽는 셈이에요.

사람이 키우는 반려동물도 꽤 많아요. 2017년 호주 반려동물 보험회사가 전 세계 20개국을 대상으로 반려견과 반려묘를 조사했어요. 20개 나라에서 키우는 개와 고양이만 해도 5억 마리 정도라고 해요. 지금은 훨씬 더 늘었겠죠.

지구에 사는 사람, 가축, 반려동물을 모두 합치면 300억 이상이에요. 이와 반대로 지구상의 포유동물 가운데 야생동물은 3퍼센트도 채 되지 않아요. 인간, 인간이 키우는 반려동물, 인간이 키우는 가축이 지구를 점령했어요. 야생동물이 살던 숲과 초원을 인간과 가축이 차지했죠. 지금 당장 생각과 행동을 바꾸지 않는다면, 전 세계 인구가 증가할수록 숲과 초원은 점점 사라지고 야생동물은 더 많이 더 빨리 사라질 거예요.

모든 동물을 보호하고 보살펴야 하는 이유

세상에 필요 없는 동물은 단 하나도 없어요. 모두 각자 맡은 역할이 있거든요. 코로나바이러스의 원인으로 알려진 박쥐는 어떨까요? 박쥐가 없었다면 코로나바이러스 때문에 전 세계가 고생하지 않았을 거라고 생각할지 몰라요. 하지만 박쥐는 아무 잘못이 없어요. 원래 살던 곳에 있었다면 사람에게 어떤 피해도 주지 않았을 테니까요.

박쥐는 파리, 모기 같은 곤충을 잡아먹어요. 박쥐가 사라지면 온 세상이 벌레로 뒤덮이고 말아요. 박쥐 한 마리가 하룻밤에 곤충 3,000~6,000마리를 잡아먹거든요. 게다가 꽃가루를 이리저리 옮겨 수정에 도움을 주고, 열대 지방에서 자라는 식물이 열매를 맺도록 도와주는 착한 동물이에요. 이런 박쥐는 따뜻한 곳을 좋아해서 전체 박쥐의 80퍼센트가 적도 지방 근처에 살아요. 그런데 사람이 들어가 열대우림을 파괴했고, 지구 온난화가 일어났어요. 서식지를 빼앗긴 박쥐는 다른 곳으로 이사를 해야 했죠. 그런데 여기저기 살펴보니, 지구 온난화 때문에 위쪽 지방도 열대처럼 살기 좋은 곳이 많았어요. 박쥐는 중국 남부, 미얀마, 라오스 지역까지 이동했어요. 그런데 그곳에는 사람이 살았어요.

박쥐는 하룻밤에 80km 정도를 돌아다니며 벌레를 잡아먹어요. 박쥐 몸속에는 다양한 137종의 바이러스가 있고, 이 중 사람에게 옮기는 바이러스는 61종이나 돼요. 사람과 박쥐의 이동 경로가 겹치면서 박쥐 몸속에 있는 코로나바이러스가 사람에게 옮아간 셈이죠. 만약 열대 지방을 뒤덮던 숲이 사라지지 않았다면, 지금처럼 지구가 많이 덥지 않았을 거예요. 박쥐는 적도 근처에서 벌레를 잡아먹으며 아주 편안하게 살았을 테고요. 온대 지방까지 이사 갈 필요도 없어요.

인류는 오랜 역사를 통해 터득한 진리가 하나 있어요. "자연은 위대하다"는 사실이에요. 인류는 자연을 두려워해요. 자연은 언제나 사람을 아끼고 보호했어요. 하지만 자연이 화가 나면 엄청난 재앙이 일어나요. 반대로 우리가 자연을 아끼면 언제나 그 이상으로 보답하죠. 지금도 늦지 않았어요. 자연을 사랑하는 방법은 생명을 존중하고 생명체가 자신의 서식지에서 안전하게 살 수 있도록 돕는 거예요. 모두가 이런 노력을 할 때, 자연은 인간에게 더 많은 것을 베푼답니다.

3

어떤 동물도 학대받거나 잔인한 행위를
당해서는 안 된다.

세계동물 권리선언 제3조 제1항

 가축을 어떻게 키우는지 알면 가축의 삶이 얼마나 고통스러운지 알 수 있어요. 인간이 필요하다는 이유로 공장식 축산이 보편화되었고, 가축의 사육 환경은 너무 비참해졌어요. 공장식 축산은 동물을 생명체로 생각하지 않고, 기본적인 욕구와 습성을 무시한 채 한정된 공간에서 대규모로 사육하는 축산 형태예요. 최소 비용으로 최대 생산량을 만들어 내는 방법이죠. 좁은 사육장에서 평생 알만 낳다가 죽는 암탉, 우유를 짜기 위해 평생 강제로 임신하는 젖소, 더러운 우리에서 사료만 먹다가 죽는 돼지처럼요. 동물을 운송할 때도 동물이 느낄 감정과 고통을 전혀 헤아리지 않아요.

죽일 때도 마찬가지고요.

다행히 동물이 누려야 할 자유와 권리를 주장하는 많은 사람의 노력으로 가축 사육 환경이 조금씩 나아졌어요. 하지만 동물이 행복하고 자유로워지려면 더 많은 시간과 노력이 필요합니다.

치킨은 닭이 아니에요

한국 사람이 제일 좋아하는 치킨. '치킨'이 될 병아리는 고작 한 달 정도 살아요. 평균 30~32일 정도 키워서 1.5kg 정도가 되면 도계장으로 데려가요. 수평아리는 키우지 않아요. 많이 움직이다 보니 체중이 빨리 늘지 않거든요. 수평아리는 태어나자마자 바로 죽여요. 끔찍하게도 갈아서 다른 동물이 먹는 사료로 사용한답니다.

치킨으로 사용하는 닭을 '육계'라고 불러요. 육계 사육장은 24시간 동안 불을 끄지 않아요. 불이 켜져 있는 동안 잠을 자지 않고 계속해서 사료를 먹어야만, 한 달간 살을 찌워 치킨이 될 수 있어요.

알 낳는 닭은 육계보다 훨씬 더 오래 살아요. 알 낳는 닭을 '산란계'라고 부르죠. 산란계는 A4 용지 크기만 한 아주 좁은 닭장에서 무려 3마리가 함께 살아요. 날개를 펼 수 없는 아주 좁은 곳이에요. 대한민국 닭 10마리 중 9마리는 이런 곳에 살아요. 닭은 습관처럼 날갯짓하며 횃대에 오르는 것을 좋아해요. 하지만 좁은 공간에서 꼼짝도 할 수 없어 정서적으로 매우 불안하고 사나워져요.

양계장 닭은 태어날 때부터 죽을 때까지 평생 고통스럽게 살아요. 모든 병아리는 태어나자마자 암수를 먼저 구분해요. 수평아리는 모두 죽이고 암평아리만 키워요. 수평아리는 알을 낳지 못하니까요. 일주일 정도 지나면 병아리 부리를 마취 없이 그냥 잘라요. 좁은 공간에 여러 마리가 모여 있으면 서로 싸울 수 있기 때문이에요. 두 달 정도 지나면 한 번 더 부리를 잘라요. 140일 정도가 되면 암탉은 알을 낳기 시작해요. 매일 한 알 정도 낳아요. 하지만 1년이 지나면 알을 제대로 낳지 못해요. 이때 강제로 털갈이를 시켜요. 닭은 때가 되면 자연스럽게 털갈이를 하지만, 시간이 아주 오래 걸려요. 그래서 양계장에서는 아주 잔인한 방법으로 털갈이를 시켜요. 목 주변의 털을 모두 뽑고, 양계장의 빛을 모두 차단해요. 깜깜한 어둠 속에서 5~9일 정도 지내야 해요. 게다가 물과 사료 양도 일부러 줄여요. 이렇게 6~8주 정도가 지나면 털이 새로 자라고 알을 제대로 낳을 수 있는 닭으로 바뀌어요. 털이 뽑힌 닭은 시름시름 앓다가 많이 죽기도 해요.

여기서 살아남은 닭은 다시 알을 낳아야 해요. 이렇게 1년 정도 더 알을 낳다가 도계장으로 끌려가 죽어요.

젖소는 우유 만드는 기계,
돼지는 고기로 바뀌는 자판기

새끼 젖소가 자라 어미 소가 되면, 자연스럽게 우유가 나올까요? 천만에요. 젖소도 사람과 똑같아요. 젖소는 우유를 생산하기 위해 끊임없이 임신과 출산을 반복해야 해요. 보통 10개월에 한 번씩 강제로 임신을 시키고, 5~6년이 지나면 건강이 나빠져 도축장으로 끌려가요. 우리가 먹는 우유와 치즈가 이렇게 만들어져요.

한국인이 좋아하는 삼겹살은 어떨까요? 새끼 돼지가 태어나면, 태어나자마자 마취도 하지 않고 이빨과 꼬리를 잘라요. 그래야 좁은 곳에서 스트레스를 받아 싸우더라도 덜 다치거든요. 수퇘지는 고기 맛을 좋게 하려고 고환을 없애 버려요. 다행인지 불행인지 돼지는 육계보다는 조금 더 오래 살아요. 6개월 정도 키운 돼지가 우리 식탁에 올라오니까요.

어미 돼지는 '스톨'이라는 감금 틀에 갇혀 꼼짝도 하지 못하고 평생 새끼만 낳아요. 새끼가 어미젖을 먹는 기간은 고작 3~4주 정도예요. 새끼가 젖을 떼고 나면 어미는 다시 강제 임신을 당해요. 돼지 임신 기간은 115일이에요. 1년에 2.5번 임신하고 새끼를 낳아요. 어미 돼지는 새끼를 낳는 기계일 뿐이죠.

우리가 먹는 고기는 끔찍한 환경에서 자란 가축이에요. 가축 대부분은 공장식 축산 환경에서 살고요. 그래야 빨리 키워서 빨리 잡아먹을 수 있으니까요. 닭은 3개월 정도 되면 다 자라고, 7~12년 정도 살아요. 그런데 3개월이면 완전히 커 버리는 닭에게 먹이를 계속 주면서 7~12년 동안 키우는 농장은 단 한 곳도 없어요. 빨리 키워 빨리 팔아야 돈을 벌 수 있잖아요. 닭뿐만 아니라 소, 돼지 등 모든 가축이 비슷해요.

물론 대량 생산을 목적으로 하는 사육 방식이 꼭 나쁘기만 한 건 아니에요. 이런 공장식 축산 때문에 우리는 달걀, 우유, 고기 등의 축산물을 아주 싼값에 먹을 수 있어요.

아주 일부분만 살펴봤는데도 공장식 축산 환경에서 자라는 가축은 불쌍하다 못해 끔찍한 생활을 하고 있어요. 혹시 이렇게 말하면 기분이 조금 나아질까요. '젖소는 우유를 만드는 기계, 닭은 달걀을 만드는 로봇, 돼지는 삼겹살로 바뀌는 자판기'라고 말이죠.

동물에게 있는 다섯 가지 자유

동물 복지에 대한 생각과 틀을 정리하고 학대받는 동물의 실상을 알린 사람들이 있어요. 실천윤리학자 루스 해리슨, 피터 싱어, 톰 레건이에요.

1964년 루스 해리슨(Ruth Harrison)은 《동물 기계》라는 책을 써서 동물에게 불필요한 고통을 주지 않고, 더 건강하게 자랄 수 있도록 사육 환경을 바꾸자고 주장했어요. 루스의 강력한 요구에 영국 정부는 동물복지위원회를 설립하고 농장에서 키우는 동물을 조사했어요. 루스의 말처럼 동물이 자라고 생활하는 환경은 너무 끔찍했어요. 그 뒤 영국 동물복지위원회는 동물 농장의 환경을 조사한 뒤 '동물의 5대 자유'를 처음으로 발표했어요.

> **동물의 5대 자유**
>
> 1 동물이 본래의 습성과 신체를 유지하며 정상적으로 살 수 있을 것
> 2 갈증 및 굶주림 등 영양 결핍을 겪지 않을 것
> 3 불편함을 겪지 않을 것
> 4 고통 등 질병으로부터 자유로울 것
> 5 스트레스를 받지 않을 것

시간이 조금 흐른 뒤 호주의 실천윤리학자 피터 싱어(Peter Singer)가 《동물 해방》이라는 책을 펴냈어요. 피터도 동물 권리의 필요성을 주장했어요. 인간에게 인권이 있듯 동물에게는 '동물 권리'가 필요하다는 얘기예요. 특히 동물은 고통과 행복을 느낄 수 있는 생명체이기 때문에 동물의 5대 자유를 비롯한 배려를 받아야 한다고 주장했어요. 곧이어 톰 레건(Tom Regan)이 나서 동물의 권리를 주장했어요. 동물을 인간을 위한 수단으로 취급하면 안 된다고 말하고, 식용, 사냥, 실험, 교육, 연구 등에 사용하는 것을 금

지해야 한다고 요구했죠.

　이런 움직임 속에서 유네스코가 1978년 10월 15일, '세계동물권리선언문'을 발표했어요. 이 선언문에는 모든 동물은 생존 권리를 가지며, 모든 동물에게 학대와 잔혹 행위를 하지 말아야 한다는 내용이 들어 있답니다.

동물 복지 축산 농장이 뭐예요?

　동물 권리에 대한 세계의 관심은 한국에도 영향을 미쳤어요. 1980년대 중반, 88서울올림픽 개최를 앞두고 국제 동물보호단체에서 한국의 식용

견 문화를 비난하면서 개 도살을 방지하는 법 제정을 요청했어요. 이에 1991년 대한민국은 동물보호법을 제정했고, 이때부터 동물보호단체가 하나둘 생겨났어요. 하지만 '동물 복지'라는 개념은 2012년 동물 복지 축산 농장 인증 제도가 생기면서 구체화되고 자리 잡기 시작했어요.

동물 복지 인증 마크

동물 복지 축산 농장에서 동물을 키우려면 땅이 넓어야 하고, 시설도 깨끗해야 해요. 동물이 활발하게 움직이다 보니 사료를 더 많이 먹고 빨리 크지도 않아요. 그래서 공장식 사육 환경에서 자란 가축으로 만든 제품보다 가격이 비싸요. 이런 농장에서 나온 제품에는 동물 복지 인증 마크가

붙어 있고, 농장에는 동물 복지 축산 농장 인증 마크도 있어요.

달걀의 경우 껍데기에 적힌 특별한 번호로 닭이 어떤 곳에서 자랐는지 사육 환경을 알 수 있어요. 냉장고를 열어 달걀 하나를 꺼내 보세요. 초록색으로 인쇄된 복잡한 영어와 숫자가 보이죠? 이 표식은 산란일, 농장 번호, 사육 환경을 표시한 기호예요. 끝자리가 1번이면 넓은 공간에서 자유롭게 돌아다니며 낳은 달걀, 4번은 아주 좁은 곳에서 날개도 제대로 펴지 못한 채 낳은 달걀을 뜻해요.

달걀에 적힌 10개 코드, 난각 번호의 비밀

달걀에 영어와 숫자로 인쇄된 10개 코드를 난각 번호라고 해요. 난각 번호는 두 줄로 표시되는데, 첫째 줄에 있는 4개 숫자는 산란일이에요. 둘째 줄에는 달걀이 생산된 농장 고유 번호와 달걀을 낳은 닭들이 어떤 환경에서 자랐는지 알 수 있는 코드가 인쇄되어 있어요. 여기서 꼭 확인해야 할 숫자가 바로 둘째 줄 맨 끝에 있는 숫자예요. 1~4까지의 숫자로 표시되는데, 이 숫자가 닭의 사육 환경을 나타냅니다. 동물 복지를 생각한다면, 어떤 달걀을 선택해야 할까요.

1 방목장에서 자유롭게 돌아다니도록 사육한 닭으로, 한 마리당 1m² 공간을 쓸 수 있다.
2 땅에 설치된 축사에서 케이지와 축사를 자유롭게 돌아다니도록 사육한 닭으로, 1m² 공간을 닭 아홉 마리가 쓸 수 있다.
3 1m² 공간을 닭 열세 마리가 쓰는 정도의 케이지에서 사육한다.
4 1m² 공간을 닭 스무 마리가 쓰는 정도의 케이지에서 사육한다.

동물의 고통과 복지를 생각한다면 공장식 축산에서 자란 가축보다 가격이 조금 더 비싸도 동물 복지 인증 표시가 있는 제품을 선택했으면 좋겠어요. 동물 복지 인증 제품은 동물이 더 자유롭고, 더 행복하게 자랐다는 것을 뜻하니까요. 이런 제품의 소비가 늘어날수록 공장식 축산이 사라지고 동물 복지 축산 농장이 더 늘어나요. 더불어 동물의 자유와 복지도 더 좋아지겠죠.

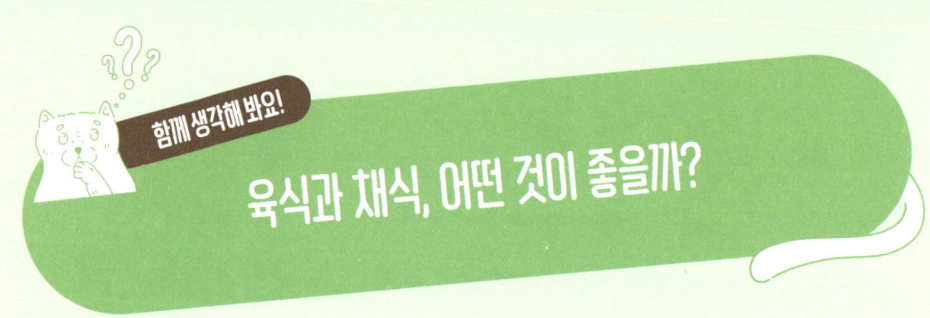

함께 생각해 봐요!
육식과 채식, 어떤 것이 좋을까?

프루테리언	식물의 잎과 뿌리를 먹지 않고, 과일과 견과류만 먹어요.
비건	과일, 채소, 곡물만 먹고, 육류를 먹지 않아요.
락토 베지테리언	유제품과 꿀까지 먹어요.
오보 베지테리언	유제품은 먹지 않지만, 난류는 먹어요.
락토오보 베지테리언	꿀, 난류, 우유까지 먹어요.
페스코 베지테리언	유제품, 난류, 생선(어패류를 포함한 모든 해산물. 게, 새우, 조개, 문어, 오징어 포함)까지 먹어요.
폴로 베지테리언	유제품, 난류, 생선, 닭과 오리(가금류)까지 먹어요.
플렉시테리언	가장 유연한 채식 방법이에요. 일반식과 채식을 상황에 맞춰 해요. 평소에는 일반식을 먹고, 식단 선택이나 조절이 가능할 때는 채식을 먹는 경우가 많아요.

환경, 건강, 미래를 생각한다면 육식과 채식 중 어떤 것이 더 나을까요?

육식을 해야 한다

영양소 섭취
육류에는 단백질, 철분, 아연, 비타민 B12 등 영양소가 풍부하게 들어 있다. 사람이 건강을 유지하기 위해 육류 섭취는 꼭 필요하다.

맛의 만족
맛 측면에서 육류는 매우 맛있고 만족감을 준다.

육류 산업의 중요성
육류 산업은 매우 큰 규모의 산업으로, 여러 분야에서 많은 일자리와 경제적 이익을 제공한다. 육류 산업이 없다면 수많은 농장과 관련 산업이 영향을 받을 수 있다.

채식을 해야 한다

동물 복지 문제
동물도 인간과 마찬가지로 살아가는 데 필요한 기본 권리와 자유가 보장되어야 한다. 인간이 동물을 고통스럽게 죽이고, 동물성 원료를 사용하는 것은 동물 권리를 침해하는 일이며, 이는 인간의 도덕적 가치를 떨어뜨리는 행위다.

환경 문제
육식이 늘어 축산업이 발전한다면 대기 오염, 수질 오염 등 환경 문제가 더 심각해진다.

건강 문제
육식은 동물성 지방과 콜레스테롤 함량이 높아서 심혈관 질환, 당뇨병, 고혈압, 비만 등의 건강 문제를 유발할 수 있다. 영양소를 골고루 갖춘 채식으로도 건강을 유지할 수 있다.

제2부 사람이 제일 위험해!

위험한 초원, 안전한 동물원

4

모든 야생동물은 땅, 하늘, 또는 물 어디든 자연환경에서
자유를 누릴 권리가 있고, 번식이 허용되어야 한다.

세계동물권리선언 제4조 제1항

    대부분 야생동물은 자유롭게 살지 못해요. 개발 때문에 서식지가 없어지고, 사냥과 포획 등으로 생존을 위협받거든요. 이런 이유로 산업 혁명 후 몇백 년 동안 야생동물 수는 급격히 줄었어요. 이미 사라진 동물도 꽤 많아요. 최근 일부 동물원에서는 멸종 위기 동물을 보전하기 위해 노력하고 있어요. 하지만 대다수 동물원은 아직도 쇼, 체험, 관람에 동물을 이용하며 자유를 억압하고 학대해요.

    야생동물이 더 자유롭고 편하게 살 방법은 없을까요? 서식지와 멸종위기종을 보호하고, 동물원의 운영 방식을 바꾸면 돼요. 조금 이상하지 않나요. 자유를 주기 위해 보호해야 한다니 말이에요. 또 동물원 운영 방식은 어떻게 바꾸라는 걸까요?

모든 동식물은 종족을 번식하기 위해 살아가요. 종족 번식을 잘 할 수 있게 좋은 환경을 만들어 주는 것 또한 동물에게는 가장 큰 자유죠. 서식지 보호와 동물원 운영, 번식을 위한 환경 제공, 이 세 가지가 야생동물이 자유롭게 사는 데 어떤 영향을 미치는지 살펴보기로 해요.

서식지 보호가 왜 중요할까요?

숲이 울창하면 모든 동물이 편안하게 잘 살 수 있어요. 곤충, 조류, 양서류, 파충류, 초식동물, 육식동물 모두가 생존 목적인 종족 번식을 위해 건강한 먹이사슬을 유지하며 살아가죠. 육식동물은 살기 위해 다른 동물을 잡아먹지만, 다른 종끼리 친구처럼 서로 도우며 살기도 해요. 생태계가 얼마나 복잡하게 돌아가는지 작은 개미를 한번 살펴볼게요.

개미는 하는 일이 무척 많아요. 진딧물이 배출하는 단물을 먹으려고 천적인 무당벌레로부터 진딧물을 지켜 줘요. 벚나무를 오르락내리락하면서 해충의 알도 먹어 치우고요. 벚나무는 이런 개미를 유혹하기 위해 나뭇잎 끝에서 꿀을 뿜어내죠. 개미가 해충의 알을 먹지 않으면, 알에서 깨어난 애벌레가 나뭇잎을 갉아 먹어 벚나무는 제대로 성장하지 못해요.

　개미는 씨앗을 옮기기도 해요. 한국에 서식하는 짱구개미가 깽깽이풀과 애기똥풀 씨앗 옮기는 일을 잘해요. 개미는 씨앗 끝에 달린 꿀단지를 물고 이동해서, 꿀을 빨아 먹은 뒤 씨앗을 버려요. 깽깽이풀과 애기똥풀은 이런 방법으로 종족을 번식해요.

　풀숲이 우거지면 몸집이 작은 개미는 움직이기 힘들어요. 이럴 때는 다른 동물이 개미가 잘 돌아다닐 수 있도록 길을 만들어 줘요. 바로 초식동물이에요. 사슴, 고라니 같은 초식동물이 풀을 뜯어 먹고 움직이면 개미가 수월하게 움직일 수 있는 길이 생겨요.

　거대한 숲에서 작은 개미가 하는 일이 참 많죠! 개미가 숲에서 사라진다면 개미와 나무와 곤충과 풀과 초식동물이 자연스럽게 연결되어 살아가는 자연 또한 균형을 잃게 돼요. 그래서 아무리 작은 야생 생물이라도 멸종되지 않도록 주의를 기울여야 합니다.

그렇다면 야생동물 서식지인 숲이 사라지면 어떻게 될까요?

100년 전쯤, 지금의 미국 옐로스톤국립공원은 야생동물이 살 수 없는 황폐한 곳이었어요. 숲과 초원이 사라지면서 강이 메말라 버렸거든요. 그런데 숲이 사라진 이유가 초식동물인 엘크 때문이었어요. 초원에서 늑대가 사라지자, 대형 초식동물인 엘크(말코손바닥사슴)가 마음 놓고 초원을 뛰어다니며 풀을 뜯어 먹었어요. 천적이 없으니 엘크 수도 엄청나게 늘어났어요. 엘크의 천적 늑대는 왜 사라졌을까요?

당시 사람들은 영양과 엘크를 보호하기 위해 늑대를 마구 잡았어요. 심지어 늑대 굴을 찾아서 새끼까지 모두 죽였어요. 포식자인 늑대가 없으니 엘크는 도망 다닐 필요가 없었어요. 800kg까지 자라는 엘크는 식욕이 정말 왕성했죠. 가는 곳마다 새싹까지 몽땅 먹어 치워 초원에는 풀이 자랄 수 없었어요. 엘크가 지나간 자리는 삭막한 환경으로 변해 갔어요. 시간이 흐를수록 숲이 줄어들었고, 강과 호수도 점점 메말랐어요. 비버도 나무가 없어 강에 집을 지을 수 없을 정도였어요.

시간이 한참 흐른 뒤, 많은 사람이 옐로스톤국립공원 생태계에 문제가 생겼다는 것을 알고 걱정하기 시작했어요. 엘크 수를 줄이기 위해 사냥을 했지만, 이미 너무 많았어요. 결국 사람들은 생태계 균형을 유지하기 위해 포식자 동물이 필요하다는 것을 깨달았죠.

1995년 캐나다에서 데려온 늑대 14마리를 옐로스톤국립공원에 풀어놓았어요. 늑대가 나타나자 대형 초식동물의 개체 수가 줄어들었어요. 덕분에 풀숲이 생겨나고 나무가 자라났어요. 우거진 풀숲에 새가 날아오고 다양한 동물이 모였어요. 강에는 수달과 오리가 헤엄치고, 비버가 돌아와 집을 지었어요. 늑대가 코요테를 사냥하자 토끼와 쥐도 늘어났어요. 여우, 족제비, 오소리, 독수리까지 찾아왔고, 회색곰 같은 대형 포식자도 점점 늘어났어요. 늑대는 강의 움직임까지 바꿔 놓았어요. 대형 초식동물인 엘크가 늑대를 피해 먼 곳으로 달아나자, 강가에 풀이 자라면서 더는 강둑이 무너지지 않았거든요. 강에는 급류가 생기고 주변에 습지도 생겼어요. 수

왕성한 엘크의 식욕을 막은 늑대들

많은 습지는 다양한 생물의 좋은 보금자리예요.

늑대 14마리가 이루어 낸 기적 같은 이야기죠. 20년이 지난 2014년, 옐로스톤국립공원에는 늑대 84마리가 살고 있어요. 만약 옐로스톤국립공원에서 늑대를 사냥하지 않았다면, 모든 동물이 생태계 균형을 이루며 편안하게 잘 살았을 거예요. 특정 야생동물만 집중적으로 보호하는 건 생태계 균형을 깨뜨리는 일이에요. 야생동물에게 가장 좋은 환경이란, 모든 동식물이 조화롭게 살 수 있는 균형 잡힌 생태계랍니다.

멸종 위기 동물을 지켜라!

멸종 위기 동물을 보호하고 복원하는 일도 서식지의 생태계를 건강하게 만드는 방법이에요. 옐로스톤국립공원의 늑대처럼요. 우리나라에서도 멸종 위기 야생동물을 복원하는데, 산양, 여우, 수달, 황새, 저어새, 따오기, 반달가슴곰이 있어요. 이 중에서 반달가슴곰에 대해 살펴볼게요.

반달가슴곰은 세계적인 멸종위기종이자 한국의 멸종 위기 I급 종이에요. 몸길이는 190cm, 몸무게는 150~200kg 정도예요. 온몸은 광택이 있는 검은색이고, 가슴에 하얀 V자 무늬가 있어요. 반달 모양을 닮았죠. 육중한 몸매에도 최대 시속 50km로 달릴 수 있어요. 반달가슴곰은 울창한 숲, 특히 오르막 내리막이 많은 산악 지역을 좋아해요. 가장 좋아하는 먹이는 도토리고, 머루, 다래, 산딸기, 벚나무 열매를 좋아해요. 예전에는 우리나라 곳곳에서 반달가슴곰을 볼 수 있었어요. 하지만 일제 강점기를 거치면서 지금은 멸종 위기에 놓였어요.

일제 강점기에 위험한 동물을 없앤다는 '해수 구제 사업'으로 곰, 표범, 호랑이 등 총 7만여 마리의 야생동물이 사라졌어요. 당시 자료에 따르면 이때 희생된 반달가슴곰 수가 1,039마리예요. 광복 이후에는 밀렵과 서식지 파괴로 반달가슴곰이 계속 줄어들었어요.

2001년 지리산에는 반달가슴곰 다섯 마리가 남았지만, 그대로 두면 멸종될 위험이 있었어요. 이를 막기 위해 2004년 지리산국립공원에서 반달가슴곰의 종 복원 사업을 시작했어요. 러시아, 북한, 중국 북동부에서 반달가슴곰을 데려와 지리산에 풀어놓았어요. 지리산에 새 보금자리를 마련한 반달가슴곰은 자연에 적응하며 새끼를 낳았고, 20년이 지난 2022년에는 79마리까지 늘어났어요. 이렇게 오랜 시간과 노력을 들여 반달가슴곰을 복원해야 하는 이유는 한 가지예요. 생태계 균형을 지키기 위해서요.

곰은 나무 열매를 좋아해요. 덩치가 커서 나무 열매도 아주 많이 먹죠. 많이 먹은 만큼 배설물 양도 많고, 멀리 이동해요. 지리산에 풀어놓은 반달가슴곰이 경북 김천 수도산까지 이동한 적이 있거든요. 곰은 소화율이 30퍼센트밖에 되지 않아, 배설물 속에 열매가 그대로 있는 경우가 많아요. 반달가슴곰이 이동하면서 먹고 쌀 때마다 씨앗을 옮기는 셈이죠. 곰의 이런 생리 현상이 생태계에 많은 도움을 줘요. 배설물을 통해 다양한 종이 자랄 수 있게 하거든요. 이런 동물(식물)을 '우산종'이라고 해요. 우산종은 우산을 펴면 비를 피할 수 있듯, 한 종을 보전해서 다른 종까지 같이 보호하는 효과를 가진 특정한 종을 뜻해요.

   지리산에 반달가슴곰 79마리가 있다는 것은 주변 생태 환경이 좋아졌다는 뜻이에요. 왕성한 식욕을 가진 반달가슴곰 79마리가 충분히 먹고살 만큼의 머루, 다래, 산딸기, 도토리, 벚나무 열매가 있다는 뜻이니까요. 반달가슴곰은 먹이 활동을 하면서 이런 식물이 잘 자랄 수 있도록 씨를 퍼뜨려 주었을 거예요. 우산종의 활발한 활동이 주변 환경을 더 건강하게 만드니까요.

날지 못하는
동물원
홍학들

멸종위기종 살리는 동물원

　동물원 시설이 아무리 좋다고 해도 자연에 있는 서식지보다 더 나을 수 없어요. 동물원에서 자주 볼 수 있는 예쁜 홍학만 살펴봐도 동물원 환경이 좋지 않다는 것을 알 수 있어요.
　홍학은 아주 예쁜 새예요. 쭉쭉 뻗은 길고 가느다란 다리, 화려한 분홍빛은 사람들의 시선을 사로잡죠. 먹이를 먹으려고 물을 한 모금 입에 넣었다 뱉는 모습도 너무 귀여워요. 그런데 주변을 둘러보면 하늘이 뻥 뚫렸어요. 긴 날개를 펄럭이며 금세 하늘로 날아오를 것 같지만, 한참을 살펴봐

도 동물원 우리를 벗어나지 않아요.

홍학은 먼 거리를 이동할 수 있어요. 바람이 불면 홍학은 습관처럼 몇 발을 달려가 날개를 쭉 뻗어 들썩들썩 날갯짓해요. 하지만 동물원에서는 하늘로 날아오르지 못해요. 예전에는 날개 한쪽 끝을 살짝 잘라 홍학이 날지 못하게 했어요. 요즘은 우리 안에 나무를 몇 그루 심어 놨어요. 날기 전 도움닫기를 못 하게 하는 거죠. 홍학은 도움닫기로 몇 발 앞으로 뛰어가 날개를 퍼덕거리면서 바람을 타고 날아올라야만 날 수 있거든요. 홍학의 행동 습성을 이용하면 날개 한쪽 끝을 자르지 않아도 홍학을 관리할 수 있어요.

무엇보다 홍학에게 제일 괴로운 것은 사람이에요. 관람객이 소리치며 손짓을 하거나 가까이 다가갈 때마다 홍학은 겁을 먹어요. 관람을 목적으로 하는 한, 동물원은 동물이 마음 편히 살 수 있는 곳이 아니에요. 동물마다 행동 습성을 파악해서 맞춰 준다고 해도 최적의 환경이 될 수 없어요.

동물원의 크기도 문제예요. 동물 대부분은 행동반경이 있어요. 집에서 키우는 반려견도 산책할 때마다 영역 표시를 하잖아요. 야생동물은 물과 먹이를 먹기 위해 항상 움직여요. 동물이 자주 다니는 영역을 행동반경이라고 해요. 수컷 호랑이의 행동반경은 267~294km^2예요. 이 정도 행동반경이 가능하려면, 서울 전체 넓이의 반을 동물원으로 만들어야 해요. 암컷 호랑이는 70~84km^2, 반달가슴곰은 105~130km^2, 고니는 2.25~3.3km^2 내에서 활동해요. 동물이 자신의 행동반경에서 자유롭게 뛰어다닐 수 있는 동물원은 세상 어디에도 없어요. 동물원이 천적을 막아 주고, 먹이를 주고, 아플 때 치료해 준다 해도 동물에게는 마음껏 뛰어놀 수 있는 자연이 가장 좋은 환경이에요.

그러나 동물원이 야생동물에게 단점만 있는 건 아니에요. 멸종 위기에 처한 생물이 자연환경에 그대로 방치되면 완전히 멸종할 수 있어요. 요즘 동물원에서는 멸종 위기 동물을 데려와 번식시켜 자연으로 돌려보내는 일도 많이 해요. 2004년 서울대공원은 멸종 위기에 처한 남생이를 번식시켜 분양했어요. 2005년에는 북한 평양중앙동물원에서 데려온 반달가슴곰을 번식시켜 국립공원관리공단 종복원기술원에 보냈어요. 지리산에 사는 반달가슴곰도 동물원에서 번식시켜 풀어놓은 거예요.

서식지와 멸종위기종을 보호하고, 동물원의 운영 방식을 바꾸는 것이 왜 중요한지 이제 알겠죠. 21세기 지구에서 최상위 포식자는 인간이에요. 인간이 계속해서 생태계를 위협하고 야생동물을 사라지게 만든다면, 조금 먼 미래에는 사람뿐만 아니라 어떤 생물도 살 수 없는 환경으로 변할 거예요.

지구에 불필요한 생명체는 하나도 없어요. 우리는 어떤 동물이 사라질 때마다 어떤 일이 일어나는지 알고 있잖아요. 지구의 모든 생명체가 서로 조화롭게 살아갈 때, 야생동물뿐만 아니라 자연의 일부인 사람도 행복하게 살 수 있어요.

사람과 같이 사는 게 좋을까

5

전통적으로 인간 환경에 사는 동물은
그 종 특유의 생태와 습성을 지키며
자유로운 상황(조건)에서 살고 성장할 권리가 있다.

세계동물권리선언 제5조 제1항

천적으로부터 자신을 지키기 위해 사람과 가까이 사는 야생동물이 있어요. 하지만 도시는 예전에 비해 야생동물이 살기에 좋은 곳이 아니에요. 위험한 요소가 너무 많거든요. 새가 날다가 유리창에 부딪히는 '조류 충돌', 야생동물이 길을 건너다가 당하는 '로드킬' 등으로 목숨을 많이 잃어요. 게다가 숲이 줄어들면서 집을 짓고 먹이를 찾기도 쉽지 않아요. 예전처럼 동물과 사람이 서로 공존하면서 안전하게 살 방법이 꼭 필요해요.

참새 소탕 작전이 불러온 참사

지금은 잘 볼 수 없지만, 예전에는 도시에도 참새가 참 많았어요. 참새가 떼 지어 모이를 먹다가 사람이 오면 우르르 날아가죠. 까치와 까마귀도 자주 볼 수 있었어요. 혹시, 시골 아니냐고요? 아뇨, 서울에서 말이에요.

참새는 왜 시골이든 도시든 사람 주변에서 살까요? 참새의 천적은 뱀, 매, 족제비 같은 육식동물이에요. 이런 동물은 사람이 있는 곳을 싫어해요. 참새는 천적을 피해 사람이 있는 곳에 살아요. 심지어 해발 1,000m 이상 되는 높은 곳에 마을이 있으면 참새가 찾아오죠. 하지만 언제부턴가 도시에서 참새를 보는 게 쉽지 않아요. 참새는 잡식성이에요. 씨앗, 벼 이삭, 꽃의 꿀, 작은 곤충을 가리지 않고 먹어요. 그런 참새도 도시에서는 먹이를 찾기 힘들어요. 먹이를 쉽게 구할 수도 없고, 둥지를 틀 곳도, 숨을 곳도 찾기 어려운 곳이 도시예요. 그리고 우리 주변에는 도시가 점점 늘고 있죠. 아직 멸종 위기 상태는 아니지만, 참새가 사라지면 생태계 전체가 위험해질 수 있어요. 70년 전 참새가 사라지면서 중국인 4천만 명이 죽은 사건이 있어요.

중국 최고 지도자 마오쩌둥은 식량 문제에 신경을 많이 썼어요. 당시 중국은 식량 부족으로 굶어 죽는 사람이 꽤 많았거든요. 1958년 어느 날, 마오쩌둥은 쓰촨성의 농촌 마을을 둘러보다가 벼 이삭을 쪼아 먹는 참새를 보고 화가 났어요. 참새 때문에 쌀 수확량이 줄어들었다고 생각했으니까요. 마오쩌둥은 참새를 전부 소탕하라고 명령했어요.

얼마 뒤 베이징에 '참새 섬멸 총지휘부'가 생겨났어요. 참새 섬멸 총지휘부에서는 참새가 얼마나 있는지, 참새가 곡식을 얼마나 먹는지 조사했어요. 쓰촨성에 있는 참새는 320만 마리가량이었어요. 참새 한 마리가 1년에 벼 이삭 2.4kg을 먹으면, 쓰촨성 참새 전부가 먹는 쌀의 양은 매년 7,680톤이나 되었어요. 3만 2천 명의 1년 치 식량이 사라지는 셈이었죠. 이런 방법으로 중국 전체를 계산해 보니, 중국 땅에 있는 참새를 모두 잡으면 70여만 명분의 식량을 더 얻을 수 있다고 결론이 났어요.

1958년 4월 19일, 참새 소탕 작전이 시작되었어요. 베이징 시민 300만 명이 돌아다니며 참새를 잡았어요. 독이 든 과자를 뿌리고, 사냥꾼까지 출동했어요. 하루에 참새 83,249마리를 잡았어요. 참새 소탕 작전은 중국 전역에서 펼쳐졌어요. 이 작전으로 참새 2억 1천여 마리가 죽었죠.

가을이 되자 마오쩌둥은 농산물 수확량이 증가하리라 기대했지만, 결과는 정반대였어요. 쌀 수확량이 급격히 줄어들어 중국 각지에서 172만 명이 굶어 죽었어요. 해를 거듭할수록 쌀 수확량은 점점 줄고, 굶어 죽는 사람이 늘어났어요.

대기근의 원인은 먹이사슬이 파괴되었기 때문이에요. 참새는 곡식도 먹었지만, 논 근처에 있는 곤충을 더 많이 잡아먹었거든요. 참새가 사라지자 해충이 빠르게 늘어났어요. 해충 때문에 벼가 제대로 자랄 수 없었죠. 마오쩌둥은 참새 소탕 작전을 중단하고, 연해주에서 참새 20만 마리를 잡아

와 풀어놓았어요. 하지만 20만 마리의 참새로 먹이사슬이 회복되지는 않았어요.

1958년부터 1960년까지 발생한 흉년으로 중국에서 4천만 명이 굶어 죽었어요. 참새 소탕 작전 때문에 발생한 대기근은 역사상 최악의 기근으로 세계 기네스북에 등재되었어요. 참새가 사라졌는데, 수많은 사람이 죽었다니 정말 무섭죠?

유리창 살해 사건, 조류 충돌

많은 조류가 유리창에 부딪혀 죽고 있어요. 지금, 이 순간에도 말이죠. 한국에서 연간 800만 마리의 조류가 유리창에 부딪혀 죽어요. 새가 유리창에 부딪혀 죽는 사건을 '조류 충돌' 또는 '버드 스트라이크'라고 불러요.

새는 투명한 유리창을 보지 못해요. 그래서 속도를 줄이지 않고 날아가다가 부딪히죠. 새는 평균 시속 36~72km 속도로 날아요. 게다가 새는 두개골이 얇고 뼈가 약해서 날다가 부딪히면 목숨을 잃을 수 있어요. 유리창에 부딪혀 죽는 새를 조사하면 대부분 충격으로 두개골이 깨지고, 뇌출혈로 즉사하는 경우가 많아요. 생태계 보전을 위해 자연을 관찰하고 기록하는 플랫폼인 네이처링(www.naturing.net/landing)에 접속해 보면 국내에서 얼마나 많은 새가 유리창에 부딪혀 죽는지 알 수 있어요. 주변을 둘러보면

유리장에 비친 식물을 보고 날아들다 충돌해 죽은 새

조류 충돌 방지 필름이 부착된 유리 방음벽

유리로 된 건물도 많고 도로에는 투명 방음벽이 꽤 많아요. 건물 아래를 유심히 관찰하면서 걸어 보면, 멸종위기종과 천연기념물, 철새와 텃새 등 다양한 새가 죽어 있는 걸 볼 수 있어요.

유리창에 조류 충돌 방지 필름을 붙이면 조류 충돌을 막을 수 있어요. 대부분 조류는 상하 간격 5cm, 좌우 간격 10cm 미만의 공간을 지나가기 싫어해요. 유리창에 이런 간격으로 점을 찍어 두면 조류가 다른 곳으로 날아가요. 간단한 작업 같지만, 조류 충돌 방지 필름으로 많은 새를 살릴 수 있어요.

도로 위 사망 사건, 로드킬

도시에 사는 동물은 하늘뿐만 아니라 땅에서도 위험해요. 도로 곳곳에서 일어나는 로드킬 때문이에요. 도로를 내고 건물을 짓다 보면 동물의 서식지인 숲 일부가 잘려 나가기 일쑤예요. 숲에 사는 야생동물은 한곳에 머물러 있지 않고 물이나 먹이를 찾아 쉴 새 없이 이동해요. 그러다가 길 위에서 사고를 당해요. 특히 밤에는 자동차 불빛 때문에 앞을 보지 못해 사고가 자주 발생하죠.

동물이 로드킬당하는 이유는 다양해요. 너구리는 위기를 느끼면 죽은 척하는 습성 때문에 많이 죽어요. 조류는 곤충을 먹으려고 폭이 좁은 도로를 낮게 날아가다가 차에 부딪히고, 개구리, 두꺼비, 맹꽁이는 알을 낳기 위해 물가로 가다가 자동차에 깔려요. 두꺼비는 주로 육지에서 생활하지만, 산란기에는 늪이나 하천으로 이동하거든요. 맹꽁이도 비슷해요.

국립생태원 통계에 따르면 국도와 지방도와 고속도로에서만 로드킬이 대략 1만 5천 건 이상 발생한다고 해요. 많을 때는 2만 건이 넘고요. 로드킬로 고라니, 고양이, 너구리, 개, 노루 등이 죽었죠. 도시의 골목과 일반 도로에서 발생한 로드킬까지 더하면 실제 발생하는 사건은 훨씬 더 많아요.

로드킬을 방지하려면 도로에서 자동차 속도를 줄이는 것도 중요하지만, 동물을 보호할 수 있는 장치를 미리 마련해야 해요. 생태 통로를 만들고, 유도 울타리를 설치해서 동물이 안전하게 이동할 수 있도록 해야 해요. 운전자가 주의를 기울이도록 주의 표지판을 야생동물이 자주 나타나는 곳에 설치해야 로드킬을 막을 수 있어요.

예전과 달리 요즘은 야생동물이 사람 주변에서 살아가는 게 쉽지 않아요. 도시가 너무 시끄럽고, 밤은 너무 밝아요. 먹이도 부족하고, 숨을 곳도, 둥지를 틀 만한 적당한 장소도 없어요. 게다가 인간의 기준으로 어떤 동물은 유해 동물, 어떤 동물은 보호 동물로 구분하여 차별하기 일쑤죠.

혹시 '업신'이라고 들어 봤나요? 예전에는 집안의 운과 재물을 담당하는 가신(家神)으로 여겨 업신을 아주 소중하게 생각했어요. 두꺼비, 구렁이, 족제비가 대표적인 업신이에요. 지금은 멸종 위기 야생동물이라 도시에서 거의 찾아볼 수 없지만, 우리 조상들은 업신이 집에 들어오면 절대로 죽이

거나 내쫓지 않았어요. 업신을 잘 보살피면 집안에 운과 재물이 들어온다고 믿었거든요. 단 하나의 생명체도 소중하게 여기며 함께 살아갔던 조상들의 지혜를 엿볼 수 있는 풍습이죠.

6

동물을 유기하는 것은 잔인하고
품위를 떨어뜨리는 행위이다.

세계동물권리선언 제6조 제2항

    모든 반려동물이 사람에게 사랑받는 것 같지만, 고통받는 반려동물이 예상외로 많아요. 불법으로 운영하는 강아지 공장, 반려동물 유기와 학대 등으로 많은 동물이 고통에 시달려요. 태어날 때부터 죽을 때까지 고통받는 셈이죠. 동물 학대와 유기, 반려동물 불법 생산은 누구 한 명의 책임으로 돌릴 수 없어요. 마음만 먹으면 반려동물을 데려올 수 있는 편리한 환경, 생명체를 장난감처럼 포장해서 파는 화려한 펫숍, 허술한 동물보호법과 솜방망이 처벌 등이 어우러진 결과거든요. 어디서부터 무엇이 잘못되었는지 하나하나 알아볼게요.

펫숍의 강아지는 어디서 왔을까요?

　1,300만 반려인 시대라고 할 만큼 반려동물을 키우는 집이 늘었어요. 그중 2022년 통계에 따르면 반려견은 545만 마리, 반려묘는 254만 마리 정도예요. 반려동물이 늘어난 만큼 관련 사업도 늘고 있어요. 펫숍이라고 들어 봤나요? 돈을 내고 쉽게 반려동물을 살 수 있는 곳이에요. 그러나 이곳에서 판매되는 반려동물 출생에 관해서는 조금 불편한 진실이 숨어 있어요.

　대한민국에서 동물을 생산하려면 '동물생산업' 신고를 해야 해요. 동물이 편안하고 안전하게 새끼를 낳고 기를 수 있는 시설을 갖춰야 동물생산업을 할 수 있어요. 하지만 신고를 한 곳보다 안 한 곳이 더 많아요.

　동물생산업 신고를 하지 않은 곳은 퍼피밀(Puppy mill) 또는 강아지 공장이라고 불러요. 이곳에서는 펫숍에서 좋아하는 강아지 품종을 주로 길러요. 푸들, 시츄, 치와와, 몰티즈, 스피츠, 맬러뮤트, 웰시코기, 닥스훈트, 프렌치불도그, 시베리안허스키 등 정말 다양하죠. 이런 곳에서는 대부분 '뜬장'이라는 곳에서 개를 키워요. 뜬장은 바닥까지 철조망으로 엮어 똥이나 오줌이 아래로 떨어지게 만든 사육장이에요. 사람이 관리하기 쉽게 만든 집이죠. 동물이 네발로 서 있기도 힘들고, 제대로 움직일 수조차 없어요. 먹이통에는 벌레가 득실거리고, 청소도 거의 하지 않아 사방이 지저분해요. 게다가 병에 걸려도 제때 치료를 받지도 못해요. 대부분 피부병, 백

내장 등 다양한 질병을 앓고 있죠.

퍼피밀에 있는 강아지는 쉴 새 없이 임신과 출산을 반복하며 살아요. 개의 임신 기간은 61~63일 정도예요. 이곳에서는 마음만 먹으면 1년에 세 번 정도 임신을 시킬 수 있어요. 반려동물이 아닌 새끼를 낳는 기계 취급을 받으며 살아야 해요. 이런 환경에서 4~5년 동안 50마리가량 새끼를 낳으면, 어미 개는 더 이상 출산을 할 수 없을 만큼 허약해져요. 그러면 땅에 묻거나 다른 곳에 팔아 버리죠.

퍼피밀에서 태어난 새끼는 불법으로 운영하는 동물 경매장에서 사고팔아요. 법적으로 60일 이상 자란 강아지만 판매할 수 있지만, 경매장에서는 30~45일 정도 되는 강아지를 거래해요. 작고 귀여운 강아지를 펫숍에서 많이 찾기 때문에 새끼는 젖도 제대로 떼지 못하고 경매장으로 나와요. 몸이 자라고 젖살이 빠지면 펫숍에서 사 가지 않기 때문이에요.

여러분이 키우는 반려동물은 어디서 데려왔나요? 혹시 펫숍이라면 기억을 한번 떠올려 보세요. 작고, 귀여운 강아지를 고르기 위해 진열장 앞을 서성거리지는 않았는지…….

귀여울 땐 반려견, 아프면 천덕꾸러기

반려동물이 늘어났지만, 그만큼 버려지는 동물도 늘었어요. 2022년 기준으로 11만 마리가량이 동물보호센터를 찾았어요. 유기 동물은 동물보호소에서 10일 정도 머물러요. 보호자가 찾으러 오지 않으면 일부는 새 가족을 만나지만, 나머지는 모두 안락사시켜요. 보호자가 찾아간 비율은 고작 10퍼센트밖에 되지 않아요. 30퍼센트 정도만 분양되고요. 나머지 반 이상은 안락사된다는 의미예요. 반려동물 유기는 반려동물을 죽음으로 내모는 잔인한 행위예요.

서로 의지하며 함께 살아가기 위해 가족이 된 반려동물을 왜 버릴까요? 여러 원인이 있겠지만, 마음만 먹으면 반려동물을 쉽게 데려올 수 있는 환경이 가장 큰 문제예요. 충동적으로 데려오고 무책임하게 버리는 거예요. 남이 키우니까 갖고 싶어서, 아장아장 뛰는 게 너무 귀여워서, 충동적으로 펫숍에 들어가 물건 사듯 반려동물을 데려와요. 동물을 키워 보면 알겠지만 동물과 한집에 살면 불편한 점도 많아요. 강아지 때는 귀여웠는데 다 크고 나니 귀찮고 불편할 때, 아무리 훈련을 시켜도 똥오줌을 못 가릴 때, 아파서 동물 병원에 갔는데 치료비가 너무 많이 나올 때 등 다양한 이유로 반려동물이 불편하고 싫어져요. 그러다 무책임하게 버리게 돼요. 반려동물을 진짜 가족으로 생각한다면 절대 '버린다'는 생각을 할 수 없어요. 반려동물을 자신이 소유하는 물건쯤으로 생각하기 때문에 쉽게 사고, 쉽게 버리는 거죠.

유기 동물 발생을 줄이려면 반려동물을 책임질 수 있는 사람만 키우도록 환경과 제도를 만들어야 해요. 독일, 스위스, 오스트리아 같은 나라처럼 말이에요.

독일에서 반려견을 키우려면 먼저 자격증을 따고, 반려견 세금을 내야 해요. 자격증을 따려면 두 번의 시험을 치러야 해요. 반려견에 대한 지식, 법률, 반려견 상식에 대한 1차 필기시험과 보호자가 반려견과 함께 공공장소에서 겪을 수 있는 상황에 대처하는 능력을 평가하는 2차 실기시험에 합격해야 강아지를 키울 수 있어요. 자격증이 있는 사람이 반려견을 입양한 뒤, 반려견 세금을 내고 반려견 보험에 가입하면 반려견 등록번호가 적힌 반려견 신분증을 받아요. 매년 내는 동물 보호 세금은 14~17만 원 정도고, 예방 접종과 건강 검진까지 받으려면 수백만 원이 들어요.

많은 돈을 내는 만큼 독일에 사는 반려견은 다양한 혜택을 누려요. 반려견이라도 버스나 지하철 같은 대중교통을 탈 수 있어요. 물론 반려견도 1,000원 정도 차비를 내야 해요. 게다가 당당하게 식당과 카페와 상점을 들어갈 수 있고, 여권을 가지고 해외여행도 갈 수 있어요.

번거로운 절차와 비용이 많이 들면 반려동물을 키우는 사람이 많지 않을 것 같지만, 독일의 전체 반려견 수는 1천만을 넘어요. 비법은 공공보호소에 있어요. 독일에서도 동물을 버리는 사람이 있어요. 하지만 대부분 새 보호자를 만나 공공보호소를 떠나요. 독일은 펫숍 같은 곳에서 강아지를 데려오려면 1천만 원 넘는 돈을 내야 해요. 강아지 구매 비용도 비싸지만, 예방 접종이나 반려견 등록 등에 내야 할 돈이 꽤 많거든요. 그래서 많은 사람이 '티어하임(Tierheim)'이라는 공공보호소에서 분양하는 강아지를 데

려와요. 종류, 나이, 건강 상태에 따라 비용이 다르지만 보통 100~500유로(15~75만 원가량) 정도를 내면 되거든요. 게다가 공공보호소에서 분양하는 반려견은 예방 접종, 동물 등록, 여권 발급을 이미 마친 상태라 시간과 비용을 모두 절약할 수 있어요.

함께하는 동물을 사람에게 즐거움을 주는 애완동물이 아니라, 의지하며 함께 살아가는 반려동물로 생각한다면 자격을 갖추고 제도도 마련해야 해요. 환경이 바뀌면 그에 따른 인식도 변하고, 생각이 바뀌면 행동도 변하기 마련이에요. 반려견을 키우기 위해 자격시험을 치러야 하고, 유기 동물을 데려올 때 많은 혜택을 준다면 유기 동물 발생은 줄어들 거예요. 아울러 구매보다 입양이 늘면 펫숍에서 판매하는 강아지와 불법으로 운영되는 강아지 공장 또한 줄어들겠죠.

법으로만 지킬 수 있는 자유와 복지

한국에도 동물의 권리와 복지를 위한 동물보호법이 있어요. 동물보호법에 따르면 동물생산업 신고를 하지 않고 동물을 생산하면 3년 이하의 징역형 또는 3천만 원 이하의 벌금형을 받는다고 되어 있어요. 하지만 대부분 벌을 받지 않았고, 고작 3퍼센트 정도만 벌금을 냈어요. 그나마 다행인 것은 2023년 4월 27부터 동물보호법이 좀 더 강화되었어요.

> 동물 학대란 동물을 대상으로 정당한 사유 없이 불필요하거나 피할 수 있는 신체적 고통과 스트레스를 주는 행위 및 굶주림, 질병 등에 대하여 적절한 조치를 게을리하거나 방치하는 행위를 말한다.
>
> 동물보호법 제2조

바뀐 동물보호법은 동물을 학대한 보호자에게 더 엄한 벌을 줘요. 예전에는 그냥 돌려보내거나 벌금으로 끝났지만, 바뀐 법에서는 학대받은 동물을 보호자로부터 분리해 동물보호소로 데려가요. 동물 보호 기간이 끝나면 보호 비용을 내야 하고, 어떻게 키우겠다는 '사육 계획서'를 제출해야 동물을 데려갈 수 있어요. 또 동물 학대 재발 방지 교육을 의무적으로 받아야 해요.

반려동물을 무허가로 판매하거나 수입하는 사람에 대한 처벌도 더 엄격해졌어요. 벌금이 2천만 원으로 올랐거든요. 게다가 무허가·무등록으로 걸리고도 불법으로 동물을 계속 키우거나 판매하면 강제로 문을 닫게 할 수 있어요. 법이 바뀌기 전에는 벌금이 많지 않아 벌금을 내면서 계속 불법으로 운영하는 경우가 꽤 많았어요.

동물보호법이 바뀌고 동물들은 조금 나은 환경에서 아주 조금 개선된 복지와 행복하게 살 자유권을 조금 더 누릴 수 있게 됐어요. 하지만 법으로만 지킬 수 있는 복지와 자유라면 언제든 바뀔 수도 있지 않을까요. 생명을 보호하고 존중하는 것은 너무 당연한데, 법으로 제한하고 처벌해야만 동물의 생존 환경이 나아질 수 있다는 현실이 너무 안타까워요.

네발 노동자의 비명

7

가축에게 일을 시킬 때는 일의 강도와 시간을 제한해야 하고 지쳐 쓰러질 때까지 일을 시키면 안 된다. 동물은 충분한 영양을 섭취하고 휴식할 권리가 있다.

세계동물권리선언 제7조

    오래전부터 사람은 동물에게 일을 시켰어요. 밭을 갈고, 물건을 나르고, 이동하는 데 동물을 사용했어요. 이런 동물을 '사역 동물'이라고 불러요. 인간을 위해 일하는 동물이라는 뜻이에요. 그러나 사람보다 힘이 세고 덩치가 큰 동물을 부리는 건 쉽지 않았어요. 채찍으로 때리고, 코뚜레를 끼워 고통을 주면서 부려 먹었어요. 이렇게 일을 시키다가 지쳐 죽으면 잡아먹었죠.

    예전에는 소, 말, 낙타, 라마, 순록 등을 사역 동물로 사용했지만, 요즘은 많이 사용하지 않아요. 기계나 자동차가 일을 더 잘하니까요. 그래도 일하는 동물이 있어요. 예전과 달리 요즘은 동물의 뛰어난 능력을 살려 특별한 일을 시켜요.

추운 곳에서 짐과 사람을 날랐던 동물

우리에게 친근한 루돌프 사슴(순록)도 사역 동물이에요. 추운 겨울에 산타클로스 할아버지가 타는 썰매를 끌잖아요. 그런데 겨울에 썰매를 끄는 일이 북극 툰드라 지역에 사는 순록에게는 정말 힘들어요. 북위 80도 정도 되는 툰드라 지역은 여름에 해가 지지 않는 백야가, 겨울에 해가 뜨지 않는 극야가 일어나요. 순록은 여름에는 쉬지 않고 풀을 뜯어 먹어요. 반대로 겨울에는 먹을 게 없어 거의 움직이지 않아요. 겨울잠을 자지는 않지만, 졸음이 몰려와 온종일 눈을 감고 있어요. 신진대사도 여름철보다 3분의 1 이상 떨어져 활발하게 움직이지 못해요. 그러니 크리스마스인 한겨울에 썰매 끄는 일이 순록에게는 고통스러운 일이죠. 스노모빌이 나오기 전까지 추운 곳에서는 순록 썰매가 많았어요. 지금은 관광객을 위한 순록 썰매만 남았고요.

추운 곳에서 순록만큼 썰매를 많이 끈 동물이 또 있어요. 바로 썰매 개예요. 개 썰매의 역사는 아주 오래되었어요. 석기 시대부터 개 썰매를 사용한 흔적이 나왔고, 기원전 1000년경 인간이 북극권에 살기 시작하면

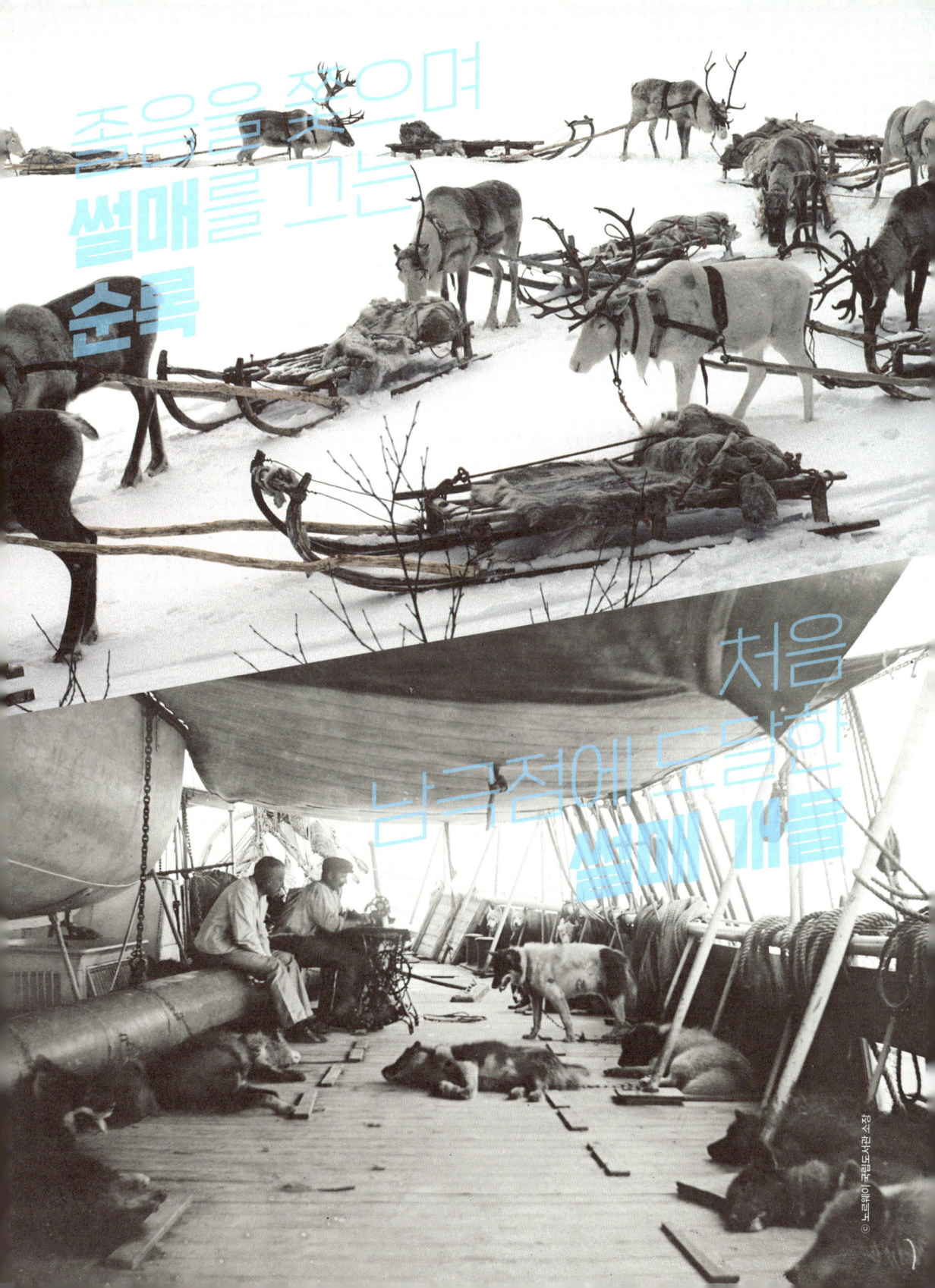

서 개 썰매를 이용했어요. 썰매 개는 대부분 덩치가 큰 편이에요. 몸무게 45kg 안팎의 큰 개죠. 힘도 세서 썰매 개 한 마리가 자신의 몸무게만큼 짐을 운반할 수 있어요. 시베리안허스키, 알래스칸맬러뮤트, 그린란드도그 등을 썰매 개로 사용했어요.

먼 거리를 눈보라 속에서 썰매를 끄는 게 여간 힘든 일이 아니에요. 썰매를 끌다가 지쳐 죽기도 해요. 게다가 빙판 위를 오래 달리면 관절에 무리가 가고 장애까지 생길 수 있어요. 요즘은 추운 곳에서 개 썰매를 거의 사용하지 않아요. 눈이 쌓인 얼음판에서는 스노모빌이 훨씬 빠르게 잘 달리니까요.

사나운 동물을 얌전하게 만드는 코뚜레

추운 곳에 순록이 있다면, 사막에는 낙타가 있어요. 낙타는 걷는 모양새가 매우 특이해요. 다른 동물과 달리 왼쪽 다리 두 개가 동시에 움직이고, 오른쪽 다리 두 개도 역시 동시에 움직여요. 무엇보다 발이 푹푹 빠지는 모래사막에서 매우 잘 걸어 다녀요. 이는 낙타 발에 비밀이 숨어 있어요. 낙타는 말과 소처럼 발굽이 없고, 개와 고양이처럼 발 볼록살이 있어요. 발 볼록살은 뜨거운 사막 열기로부터 발을 보호하고, 체중을 분산시켜 모래에 잘 빠지지 않게 도와줘요. 발가락은 두 개로 모래 위를 걸어 다니기에 적당한 구조예요. 콧구멍도 여닫을 수 있고, 귀 주위에 긴 털이 있어서 모래 먼지를 막을 수 있어요. 사막에 최적화된 신체 구조죠. 더욱이 등에 솟은 혹에는 지방 덩어리가 있어서 며칠 동안 먹이를 먹지 않아도 활동할 수 있어요. 물도 한 번에 57리터 정도 마실 수 있고, 사흘간 물을 먹지 않아도 별 지장이 없어요.

　낙타는 짐을 꽤 많이 실을 수 있고, 걸음도 무척 빨라요. 세계에서 제일 빠른 낙타는 한 시간에 88km를 달린다는 기록도 있어요. 지금도 사막에서는 낙타가 아주 훌륭한 운송 수단이에요.

　사람보다 훨씬 크고 힘도 세고 사나운 낙타를 어떻게 길들였을까요? 바

로 물이에요. 사막에는 물이 귀하잖아요. 이틀에 한 번 정해진 시간에 물을 주면 풀어놓았던 낙타가 자연스럽게 한자리에 모여요. 또 다른 방법은 코에 코뚜레를 끼웠어요. 코뚜레에 연결된 줄을 당기면 코가 아파 사람이 원하는 방향으로 부릴 수 있게 만들었죠. '생명'을 유지하는 데 꼭 필요한 물과 신체에 '고통'을 주어 낙타를 길들였어요.

 소 역시 낙타처럼 코뚜레를 끼웠어요. 소는 인류 역사상 가장 다양하게 활용된 가축 중 하나예요. 잡아먹고, 일도 시키고, 물건도 나르게 했죠. 우

인간 편의를 위해 고통 속에 살았던 가축들

리 역사책을 보면, 신라 지증왕 때(502년) 소를 이용해서 농사를 지었다는 기록이 있어요. 소를 이용해 농사를 짓는 방식은 사람에게 큰 도움이 되었어요. 소는 사람보다 힘이 세잖아요. 소가 있으면 서너 사람이 할 일도 금세 끝낼 수 있었어요. 하지만 소는 일하는 동안 많이 괴로웠을 거예요.

조선 시대 그림을 보면 소를 이용해서 어떻게 농사를 지었는지 알 수 있어요. 소를 쉽게 부리기 위해 먼저 뾰족한 쇠막대기로 코를 뚫고 코뚜레를 끼웠어요. 논밭을 갈기 위해 멍에라는 막대를 목에 얹어 쟁기를 연결했어요. 멍에가 살갗에 닿아 쓸리면 가죽이 벗겨지고 피가 흘러요. 앞에서는 코가 찢어지고, 뒤에서는 채찍질에 엉덩이가 패고, 멍에에 쓸려 가죽이 벗겨진 소는 아파서 비명을 질러 대면서 몸부림쳤겠죠. 사람은 편하게 밭을

갈았겠지만, 소는 고통스럽게 쟁기를 끌면서 아픔을 참았을 거예요.

요즘에는 소에게 이런 일을 시키지 않아요. 트랙터가 더 빠르게 밭을 갈고 농작물을 날라 주거든요.

재갈을 물리고 굴레를 씌워라!

우리말 중에 '재갈을 물리다', '굴레를 씌우다' 같은 표현이 있어요. '재갈을 물리다'는 말을 하지 못하게 입을 막는다는 뜻이에요. '굴레를 씌우다'는 어떤 행위나 권리를 자유롭게 행사하지 못하게 강압적으로 얽어맨다는 뜻이죠. 두 가지 표현에 들어간 재갈과 굴레는 모두 말(馬)을 부릴 때 쓰는 기구예요.

말 입에 왜 재갈을 물렸을까요? 말의 입안을 보면 앞니 여섯 개가 아래위로 있고, 앞니와 어금니 사이에는 약간 틈이 있어요. 이 틈에 재갈을 끼워 넣어요. 재갈을 가만히 둘 때는 괜찮지만, 어느 한쪽으로 당기면 매우 아파요. 말은 고통을 피하려고 고개를 당기는 쪽으로 돌려요. 이렇게 줄을 당겨 말머리를 돌리면 원하는 방향으로 움직일 수 있어요. 너무 심하게 당기면 입술이 찢어져 피가 나기도 해요.

굴레는 목과 머리에 얽어맨 줄이에요. 여기에 고삐를 걸어요. 말을 부리려면 고삐를 당겼다 늦췄다 하죠. 고삐를 굴레에 걸고, 굴레가 재갈을 당

기는 원리예요. 말에게 재갈을 물리고, 굴레를 걸면 무조건 사람이 원하는 대로 따를 수밖에 없어요.

오래전부터 말은 사람이 타거나 물건을 나를 때 많이 사용했어요. 요즘은 승마용이나 경마용 정도로 이용해요. 물건을 나를 때나 멀리 갈 때는 자동차를 이용하고요.

미션 임파서블, 우리에게 불가능은 없어요!

요즘 동물은 노동이나 이동보다 조금 특별한 일을 해요. 혹시 지뢰 탐지 쥐라고 들어 봤나요? 바로 감비아도깨비쥐예요. 아프리카큰도깨비쥐라고도 해요. 쥐라고 하기에는 덩치가 꽤 커요. 몸무게는 1.2kg, 몸길이는 꼬리까지 70cm 정도 되거든요. 폭발물 탐지 훈련을 받은 쥐는 사람이 하루 이틀 걸리는 넓이도 일이십 분 내에 탐색할 수 있어요. 가벼운 몸으로 재빨리 돌아다니다가 폭발물을 발견하면, 땅을 긁어 신호를 보내요. 대단하죠? 이런 쥐는 폭발물이 묻힌 지역에서 활동해요.

우리나라에서 활동하는 특수 목적의 동물은 개가 많아요. 특정 임무를 하기 위해 훈련을 받고 활동하죠. 이런 개를 특수목적견이라고 불러요. 특수목적견은 후각이 민감하고, 지능이 높아야 하며, 체력 또한 좋아야 해요. 그래서 주로 대형견이 많아요.

특수목적견에는 인명 구조견이 있어요. 재난 현장이나 사고 현장에서 활동해요. 산에서 길을 잃은 사람을 찾고, 무너진 건물에서 사람을 찾아요. 경찰과 함께 활동하는 경찰견도 있어요. 후각이 발달한 경찰견은 시체 수색, 범인 추적, 마약 탐지 등의 활동을 해요.

구조나 수색 외에도 몸이 불편한 사람을 돕는 개도 있어요. 바로 도우미견이에요. 우리가 거리에서 가끔 보는 개는 시각 장애인 도우미견이에요. 시각 장애인의 눈이 되어 길을 안내하거나 위험을 미리 알리고 장애물을 피할 수 있게 도와요. 그 외에도 청각 장애인 도우미견, 지체 장애인 도우미견, 치료 도우미견, 노인 도우미견이 있어요.

특수목적견은 7~8년 활동하다가 은퇴해요. 하지만 은퇴 후 직업병에 시달리는 경우가 많아요. 꼭 필요한 운동이나 활동보다는 목적에 맞게 일만 하다 보니 운동량이 부족해 근육도 같이 줄어들기 때문에 여러 질병에 시달려요. 나이가 들면 관절염이 생기기도 해요.

건강 관리는 사람이나 동물이나 꾸준히 해야 해요. 몸을 혹사하지 않고 적당히 쉬면서 일하는 것이 가장 좋죠. 사람을 대신해서 어렵고 위험한 일을 하는데 충분한 영양을 섭취하고 적당한 휴식을 취하는 건 너무 당연해요. 그래야 은퇴 후에도 건강하게 살 수 있을 테니까요.

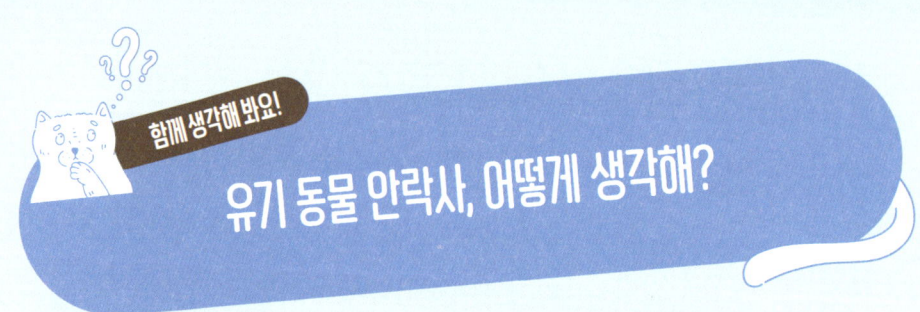

유기 동물을 안락사시키는 게 옳을까요?

안락사, 어쩔 수 없죠

유기 동물의 복지 증진
안락사를 통해 유기 동물의 고통과 스트레스를 줄일 수 있으며, 유기 동물의 복지를 증진할 수 있다.

유기 동물 생명 보호
안락사는 유기 동물의 생명을 보호하는 것이 아니며, 유기 동물은 인간의 실수나 무지 때문에 유기될 수 있으므로 생명 보호가 필요하다.

인간의 안전 보장
유기 동물은 종종 건강상의 문제가 있거나 예측할 수 없는 행동을 할 수 있으므로, 안락사를 통해 인간의 안전을 지켜야 한다.

입양 활성화
동물보호소에서 입양을 장려하고, 유기 동물을 입양할 수 있는 사람을 더 많이 모집하면 안락사를 줄일 수 있다.

안락사는 안 돼요!

유기 동물 수 축소
안락사로 유기 동물 수를 줄일 수 있고, 동물보호소에서는 다른 유기 동물에게 더 많은 자원을 할애할 수 있다.

윤리적 문제
안락사는 생명을 대하는 윤리적인 문제다. 같은 생명체로서 동물을 동등하게 대하지 않고, 인간의 판단으로 동물을 죽인다는 것은 비윤리적인 행위이다.

제3부

우리도 생명이라고요!

인간의 아바타가 된 실험동물

8

과학적, 의료적, 상업적, 어떠한 연구 목적에서든
신체적 또는 정신적 고통을 수반하는
동물실험은 동물의 권리와 양립할 수 없다.

세계동물권리선언 제8조 제1항

새로운 약과 치료제를 개발할 때 많은 동물이 동물실험으로 희생당해요. 그러고는 언제나 '과학의 발전을 위해', '의학의 발전을 위해'라는 말로 포장하죠. 동물실험이란, 교육, 시험, 연구 등 과학적 목적을 위해 동물을 사용하는 실험을 말해요. 의약품(백신, 치료제 등), 의료 기기, 화장품, 화학 물질, 식품, 농약을 만들 때 동물실험을 많이 해요. 실험이 끝난 동물은 대부분 안락사시키죠. 전 세계에서 동물실험으로 매년 6억 마리 이상의 동물을 사용해요. 매년 6억 마리 이상의 동물이 인간을 위해 죽는다는 뜻이에요.

한국도 꽤 많은 동물을 실험에 사용했어요. 2021년 488만 마리가량을 사용했고, 그 수는 계속 늘고 있어요. 왜, 이렇게 많은 동물이 실험으로 죽어야 할까요?

많은 나라에서 동물실험을 줄이기 위해 노력하지만, 동물의 희생은 줄어들지 않았어요. 동물실험은 과학적으로도 완벽하지 않아요. 동물과 인간은 생물학적으로 달라서 동물실험 결과를 사람에게 적용하는 것은 옳지 않아요. 동물실험을 수없이 거치고 나온 약 중에서도 수많은 피해가 발생하기도 했어요.

동물실험은 윤리적으로 볼 때도 옳지 않아요. 동물에게 고통을 주는 것은 동물의 권리를 침해하는 행위니까요. 고통과 공포를 느끼는 살아 있는 생명체를 실험 대상으로 사용하는 것은 사람의 도리에 맞지 않는 행동이에요. 게다가 인간의 이익을 위해 힘없는 동물을 희생시키는 것 또한 공정하지 않답니다.

최근에는 동물실험 대신 첨단 기술을 이용한 다른 방법을 찾기 위해 노력하고 있어요. 동물실험 대신 윤리적인 방법을 사용해도 사람에게 안전한지 과학적으로 증명할 수 있거든요. 돈이 더 많이 들고 시간이 오래 걸려도 꼭 필요한 노력이에요. 이런 노력이 쌓이고 쌓이다 보면 불필요한 동물실험이 언젠가는 완전히 사라질 거예요.

과학자 대신 우주로 간 라이카

1957년 11월 3일, '라이카'라는 개가 인공위성 스푸트니크 2호를 타고 우주로 떠났어요. 과학 실험을 위해 동물을 실험 도구로 사용한 거예요. 라이카가 인공위성을 탄 이유도 너무 단순해요. 여러 동물 중에서 라이카가 가장 똑똑하고 침착했거든요. 게다가 움직이지 않는 자세로 가장 오랜 시간을 견딜 수 있었어요.

라이카는 우주에 나간 지 몇 시간도 채 되지 않아 극심한 고통에 시달렸어요. 인공위성 안의 온도는 40도에 이르렀고, 방사능에까지 노출되었으니까요. 라이카는 고통을 참다가 죽었을 거예요. 이렇게 죽지 않아도 라이카의 죽음은 예정되어 있었어요. 7일째 식량에 독약이 들었거든요. 그 이후에도 구소련은 이런 실험을 멈추지 않았어요. 미국은 원숭이와 영장류를 우주로 보냈고요. 그러고는 모두 이런 얘기를 했겠죠.

"동물의 죽음으로 우주에서 생명체가 살 수 있다는 가능성을 보았습니다. 동물의 죽음으로 과학이 발전하고, 인류는 우주 개발에 대한 꿈을 갖게 되었습니다."

틀린 말은 아니에요. 많은 동물의 희생으로 과학이 발전하고 인류의 삶이 나아진 것은 사실이니까요.

많은 사람을 살린 비글의 희생

특히 의료 분야에서 새로운 약을 만들 때 동물실험을 많이 해요. 당뇨병 치료제인 인슐린을 개발할 때도 수많은 비글이 죽었어요.

인슐린은 캐나다 의사 밴팅이 1922년에 개발했어요. 밴팅이 당뇨병 치료법을 연구하기로 결심한 것은 친구 때문이었어요. 어릴 적부터 단짝이던 친구가 당뇨병에 걸려 서서히 죽어 가는 걸 지켜보기 힘들었거든요. 밴팅은 의학 논문을 읽다가 췌장에서 분비되는 물질이 당뇨병과 관련 있다는 사실을 알게 되었어요.

밴팅은 매클라우드 교수 실험실에서 비글 열 마리로 실험을 시작했어요. 의대생인 베스트가 실험을 도왔고요. 연구 비용이 떨어지자, 밴팅은 타고 다니던 차까지 팔았어요. 실험은 예상만큼 쉽지 않았어요. 시간이 갈수록 실험실에서 죽어 나가는 비글 수가 늘어났어요. 그러던 중 92마리째 비글에서 기적처럼 실험에 성공했어요. 다만 개에게서 얻을 수 있는 인슐린 양이 너무 적은 게 문제였어요. 밴팅은 이 문제를 해결하기 위해 소를 이용했어요. 1922년 1월, 13세 당뇨병 환자에게 인슐린을 사용했고, 치료는 성공적이었죠. 친구도 밴팅 덕분에 당뇨병을 치료할 수 있었어요. 당뇨병 치료 성공 소식은 전 세계적으로 큰 관심을 모았어요. 이듬해인 1923년, 밴팅과 매클라우드는 노벨상을 받았어요. 하지만 당뇨병 치료제 연구 중에 죽은 수많은 비글은 아무도 기억하지 않아요.

요즘도 실험실에서 죽어 나가는 비글이 상당히 많아요. 포유류를 사용하는 동물실험에서 대부분 비글을 사용하거든요. 2019년에만 1만 2천여 마리가 실험에 사용되었어요. 더 큰 문제는 고통이 극심한 동물실험일수록 비글을 많이 사용한다는 점이에요. 실험에서 고통 단계는 A부터 E의 다섯 등급으로 나눠요. D등급은 고통이나 억압을 동반하는 실험이고, E등급은 마취제와 진정제 없이 고통이나 억압을 동반하는 실험이에요. 다섯 단계 중 E등급이 최고 단계예요. D와 E등급 실험에 매년 5천 마리 이상의 비글을 사용했어요. 실험이 끝나면 대부분 죽거나 안락사로 생을 마감해요.

수많은 개 중에서 비글을 실험용으로 많이 쓰는 이유는 착한 성격 때문이에요. 비글은 호기심이 많고 사람을 잘 따라요. 낙천적 성격이라 안 좋은 기억을 빨리 잊고, 반복되는 실험에도 말을 잘 들었죠. 착한 성격 때문에 실험용 동물로 쓴다니 정말 안타까운 일이에요.

눈물 없는 토끼의 눈물

샴푸, 마스카라 같은 상업용 제품을 만들 때도 동물실험이 빠지지 않아요. 하지만 2017년 2월부터 한국에서는 화장품을 만들 때 동물실험을 할 수 없어요. '동물실험 금지법'이 생겼거든요. 다만 수출하는 화장품은 동물실험을 할 수 있어요. 수출 제품의 경우, 수입하는 국가가 동물실험을 요구할 때는 예외로 할 수 있다는 꼬리표가 동물실험 금지법에 붙어 있기 때문이에요.

한국에서 화장품을 제일 많이 수출하는 나라는 중국이에요. 그런데 중국에는 동물실험을 반드시 거친 뒤 수출해야 해요. 결국 중국에 수출하기 위해 우리나라에서 동물실험을 한다는 뜻이죠. 그렇다면 동물실험 금지법은 무슨 의미가 있을까요?

동물실험을 하지 않은 제품에 붙일 수 있는 인증 마크, 리핑버니.

샴푸, 마스카라를 만들기 전에 꼭 해야 하는 동물실험이 있어요. 화장품이 눈에 들어갔을 때 얼마나 자극적인지 알아보기 위한 실험이죠. 이 실험에서는 주로 토끼를 사용해요. 토끼는 눈이 따가워도 눈물을 안 흘리거든요. 토끼를 상자에 넣고 목을 틀에 고정한 뒤, 토끼 눈에 화학 물질을 일정 시간마다 떨어뜨려요. 눈이 따가워도 토끼는 꼼짝도 할 수 없어요. 눈이 따가워 몸을 비틀다가 목뼈가 부러져 죽기도 해요. 이런 고통을 며칠 동안 참고 산다 해도 곧 안락사시켜요. 안구를 빼내 약물에 대한 반응을 관찰하는 용도로 사용해야 하거든요. 피부 자극을 알아보기 위해 털을 민 토끼나 기니피그의 피부에 화학 약품을 바르는 동물실험도 있어요. 말만 들어도 너무 끔찍하지만, 지금도 연구실에서 일어나는 일이에요.

화장품 동물실험 금지법이 나온 뒤, 대한민국에서 판매하는 화장품은 동물실험을 하지 않아요. 동물을 사용하지 않는 다른 방법으로 실험을 할 수 있으니까요. 이런 화장품에는 동물실험을 하지 않았다는 인증 마크가 붙어 있어요. 이런 제품을 많이 쓸수록 동물실험을 하지 않는 화장품 회사가 늘어나는 건 당연하지 않을까요.

이래도 동물실험을 해야 하나요?

인간과 동물이 공유하는 질병은 1퍼센트밖에 되지 않아요. 동물실험 결과를 인간에게 그대로 적용하기는 힘들다는 뜻이에요.

실제로 동물실험을 충분히 했지만, 인간에게 치명적인 부작용을 일으킨 약이 있었어요. 1957년 서독 제약 회사에서 개발한 '탈리도마이드'라는 약이에요. 이 약은 진정제, 수면제로 개발했지만, 입덧을 줄이는 효과가 있어 임산부가 많이 사용했어요. 약이 나오기 전 3년간 동물실험을 했고, 부작용이 발생하지 않는다는 것을 확인하고 판매를 시작했어요.

문제는 약을 먹은 임신부가 낳은 아기였어요. 많은 아기가 뇌 손상, 시력과 청력 상실, 자폐증을 앓았어요. 사망률도 꽤 높았고요. 1962년 판매가 중지되기 전까지 전 세계 48개국에서 1만 2천여 명이나 되는 기형아가 태어났어요. 하지만 지금도 여전히 신약 개발 과정에서 동물실험을 해요.

동물의 희생으로 과학과 의학이 발달한 것은 사실이에요. 하지만 이 과정에서 너무 많은 동물이 의미 없이 희생되었어요. 신약을 만들기 위해 동

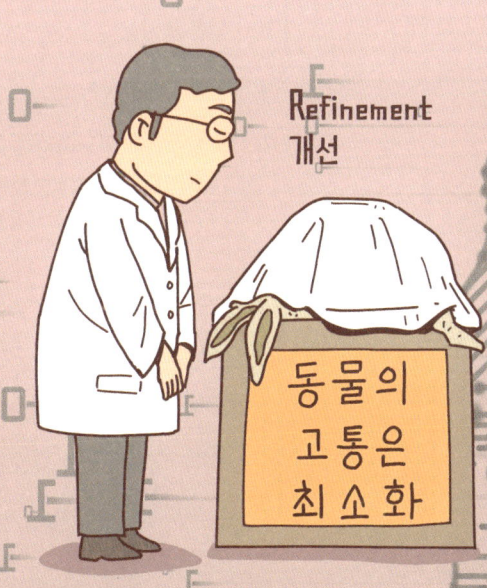

물실험을 하더라도 성공률은 10퍼센트가 안 되었어요. 6억 마리 중 5억 4천 마리는 의미 없이 죽는다는 뜻이에요. 지금도 동물실험을 하지 않고 약을 만드는 방법은 얼마든지 있어요. 동물 대신 인공지능을 사용해서 결과를 예측하거나, 생체 조직 칩, 인공 피부 등을 이용해 실험하는 방법이에요. 물론 경제적인 뒷받침과 생각의 전환이 필요한 일이에요. 그러기에 이런 방법을 사용하는 곳이 아직 많지 않지만, 앞으로 동물실험을 줄일 수 있음은 분명한 사실이에요.

방법이 있음에도 불구하고 동물실험이 사라지려면 아직도 많은 숙제가 남았어요. 이를 해결하기 위해 1985년 국제연합(UN) 전문 기구인 세계보건기구(WHO)에서는 동물실험윤리위원회를 설치하도록 권고하고, 동물실험을 할 때 실험자가 지켜야 할 윤리 '3R 원칙'을 소개했어요.

> 1R 동물을 사용하지 않는 실험을 할 것(Replacement)
> 2R 동물실험을 해야 한다면 횟수를 줄일 것(Reduction)
> 3R 동물실험에 이용하는 동물이라도 쾌적한 환경을 제공하고, 올바르게 사육하여 고통을 최소화할 것(Refinement)

이 세 가지 원칙만 지켜도 동물실험으로 의미 없이 죽는 동물과 고통받는 동물이 조금은 줄어들 거예요. 그리고 먼 미래에는 동물실험이 완전히 사라지겠죠.

9

'가축'이라 쓰고,
'식품'으로
읽는다

식품 산업에서 동물이 사용될 경우,
동물을 사육하고 운송한 뒤 도살 전 우리에 가두는
과정에서 고통을 겪지 않아야 한다.

세계동물권리선언 제9조

    사람은 살기 위해 음식을 먹지만, 음식 재료가 어떤 과정을 거쳐 우리 식탁에 오르는지 알기는 쉽지 않아요. 마트 진열장에는 이미 손질이 끝난 재료가 준비되어 있으니까요.

    음식 재료가 되기 위해서 가축이 가장 먼저 이동하는 곳은 도축장이에요. 도축장으로 이동할 때는 신선한 공기, 충분한 공간, 적절한 온도 등을 유지해야 해요. 그래야만 동물이 스트레스를 받지 않고 고통 없이 이동할 수 있거든요. 하지만 그렇지 못한 경우가 꽤 많아요. 도살할 때도 마찬가지예요. 가축을 죽일 때는 고통을 최소화하기 위해 마취를 하고, 빠르게 처리하는 게 중요해요. 하지만 마취 없이 고통스럽게 죽이는 경우가 많아요. 해산물을 죽여 요리를 만드는 과정도 잔인할 때가 있어요. 조금 더 맛있게 먹기 위해, 조금 더 신선하게 먹기 위해 동물에게 고통을 주는 행위는 윤리적으로도 옳지 않아요.

사람이 살기 위해 먹어야 하지만, 동물에게 너무 심한 고통을 주면서 이동시키고 죽일 필요가 있을까요?

안전하고 편안하게 그리고 고통 없이

가축 운송은 도축 과정의 일부분이에요. 동물을 운송할 때도 동물이 느낄 고통을 최소로 하기 위해 지켜야 할 규칙이 있어요. 동물을 차에 싣고, 이동하고, 휴식하고, 내리는 것까지 모두 정해져 있죠.

운송 차는 가축을 싣기 전에 소독소에 먼저 들러요. 전염병을 막기 위해서예요. 소독을 마치면 농장으로 향해요. 가축을 싣기 전에 빈 차의 무게를 달고, 가축을 실은 뒤에도 무게를 달죠. 그래야 얼마나 실었는지 알 수 있잖아요. 그러고는 도축장으로 이동해요.

도축할 가축은 이동하기 열두 시간 전부터 물만 주고 사료를 먹이면 안 돼요. 하지만 무게를 더 나가게 하려고 차에 싣기 전까지 물과 사료를 주기도 해요. 그래서 도축장에 도착하면 트럭에 분뇨가 잔뜩 깔려 심한 악취가 나기도 하죠. 조금이라도 돈을 더 받겠다고 마지막까지 먹이를 먹이면, 이동 중에 멀미하는 건 당연하잖아요. 가축이 느낄 고통보다 돈을 더 중요하게 생각하는 현실 때문에 일어나는 일이에요.

농장에서 가축을 실을 때 운전기사는 가축 싣는 것을 도울 수 없어요. 전염병을 예방하기 위해서예요. 하지만 운전기사 대부분 방진복을 입고 가축을 직접 싣거나 도와줘요. 그래야 가축을 빨리 실을 수 있고, 다른 곳으로 빨리 이동해 한 번이라도 더 나를 수 있거든요.

트럭마다 실을 수 있는 가축 수도 정해져 있어요. 가축이 편안하게 이동할 수 있는 양을 계산해서 정한 수예요. 한여름에는 더위 때문에 정해진 수의 80퍼센트만 싣게 되어 있어요. 그래야 가축이 더위를 먹지 않고, 안전하고 편하게 이동할 수 있으니까요. 가축은 온도 변화, 익숙지 않은 소음과 냄새, 좁은 공간 등에 매우 민감해서 이동 중에 스트레스를 받을 수 있거든요. 가축을 위한 것도 있지만 스트레스를 받으면 고기 품질도 떨어져요.

이동할 때도 조심해서 운전해야 해요. 급하게 정지하면 가축이 서로 깔려 죽을 수 있어요. 특히 닭은 여름에 더위를 먹고 질식해 죽을 수 있어서 멈추지 않고 계속 달려야 해요. 그래야 바람이 잘 통해 죽지 않거든요. 닭은 이동 중에 평균 0.5퍼센트가 죽어요. 끼어서 죽고, 약해서 죽고, 추워서 죽고, 더워서 죽죠.

가축을 내릴 때도 동물에게 고통을 주지 않고 트럭에서 내리게 해요.

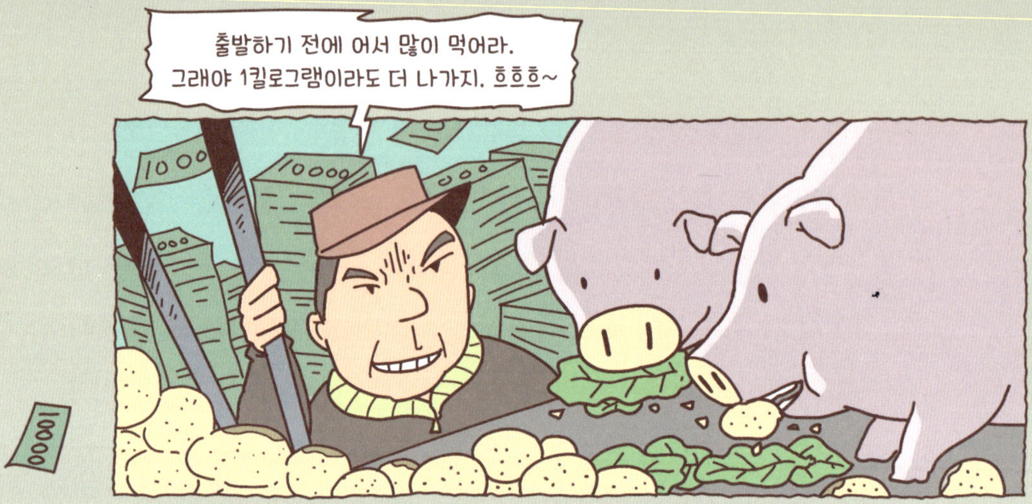
출발하기 전에 어서 많이 먹어라.
그래야 1킬로그램이라도 더 나가지. 흐흐흐~

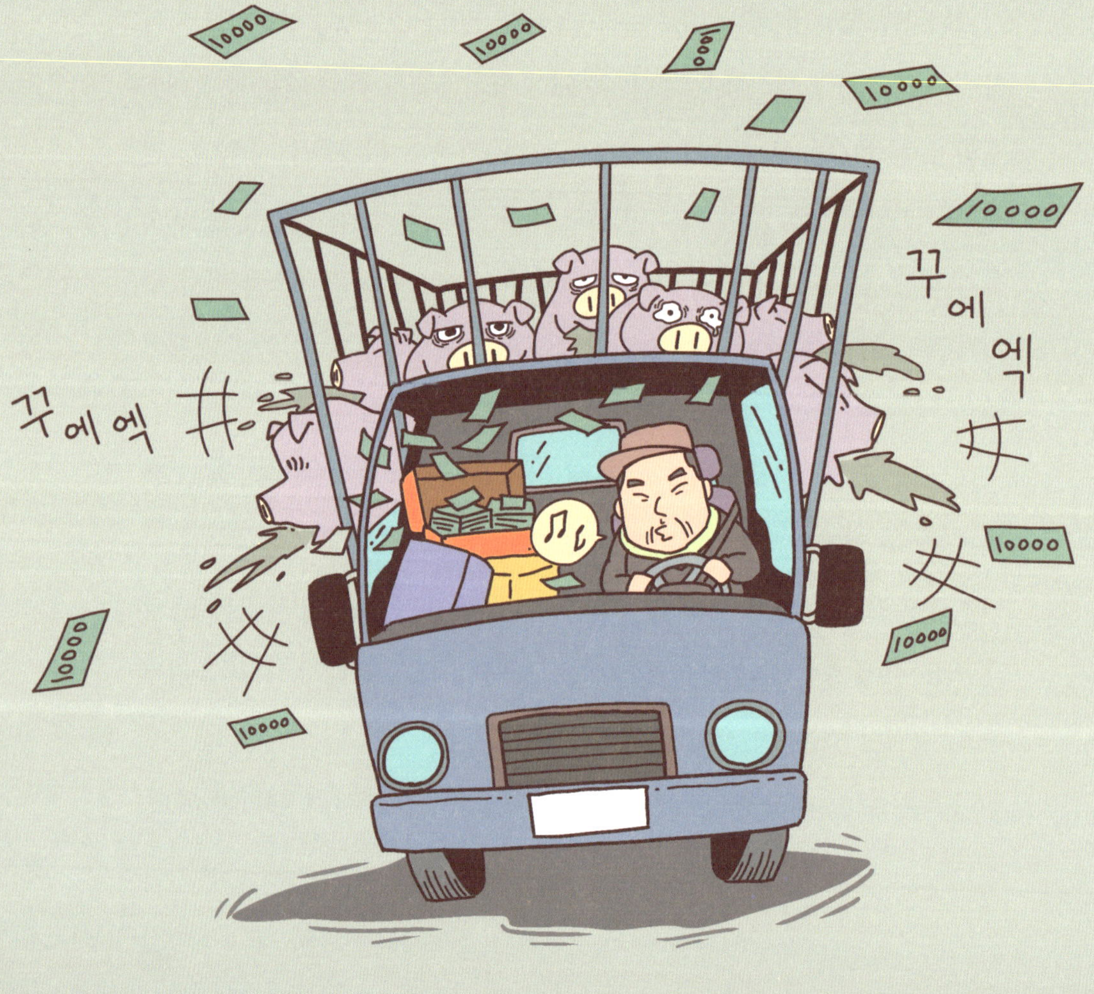
꾸에엑
꾸에엑

하지만 빨리 내리려고 돼지에게 전기 충격기를 사용하기도 해요.

　도축장에 들어온 가축은 하루 정도 쉬게 해야 해요. 그래야 스트레스가 풀려 심신이 안정되니까요. 가축을 죽일 때는 전기 또는 이산화탄소로 먼저 기절시켜야 해요. 우리나라 도축장에서는 대부분 전기로 기절시켜요. 기절시킨 가축은 짧은 시간에 도축하고, 세척 및 가공을 거쳐 급속 냉동시켜요.

　아무리 고통을 줄이기 위해 노력한다지만 운송부터 도축까지 가축은 단 한순간도 편할 수 없어요.

가축이 아니어서 더 고통받는 동물

　운송 과정을 보면 닭, 소, 돼지 같은 가축은 그나마 나은 편이에요. 가끔 도로에서 철장에 많은 개를 빼곡히 싣고 다니는 작은 트럭을 보면 너무 끔찍해서 눈을 뜨고 볼 수 없어요. 좁은 철장 속에 많은 개가 있다 보니, 눌려 죽기도 하고 다리가 꺾여 부러지기도 해요. 게다가 장시간 물 한 모금 먹지 못하고 이동하기 때문에 탈진하기도 해요.

　동물보호법이 있어도 개를 함부로 죽이고 불법 유통된 고기를 먹는 행위를 막지 못하는 이유는 오래전부터 한국에서는 개를 먹었기 때문이에요. 조선 시대 음식 조리서를 봐도 개고기 요리법이 나와요. 한국뿐만 아

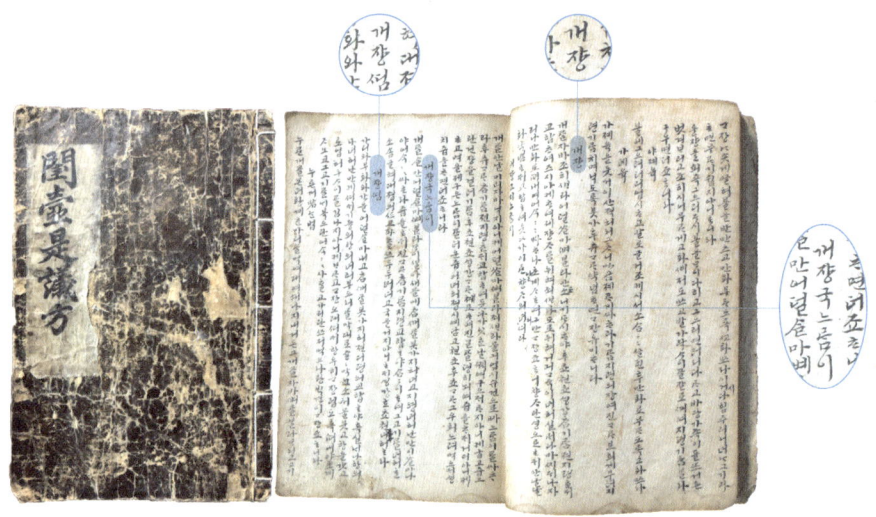

1670년경 지은 음식 조리서 《음식디미방》, 장계향_경북대학교도서관 소장

니라 세계 여러 나라에서 지금도 개고기를 먹어요. 중국, 북한, 베트남, 필리핀, 멕시코, 스위스, 인도네시아, 나이지리아 등이 있어요. 어떤 문화권에서는 개고기 소비를 전통적이고 일상적인 문화라고 생각해요. 반대로 개고기 소비를 이상하게 생각하며 부정적으로 바라보는 나라도 많아요.

2023년 1월 기준으로 대한민국에서 개고기를 먹는 것은 불법도 아니고 합법도 아니에요. 축산법에서 개는 가축으로 분류하지만, 축산물위생관리법에서는 가축에 포함하지 않았어요. 개를 가축으로 키우는 것은 괜찮지만, 개를 잡아 식용으로 판매하고 유통하는 것은 '합법'이 아니라는 뜻이에요. 그런데 개고기를 먹지 못하게 막는 법은 아직 없어요. 다시 말해 키워도 되지만, 판매는 안 되고, 먹을 수는 있는 이상한 형태죠. 그래서 개를 실은 트럭을 거리에서 가끔 볼 수 있는 거예요.

트럭 뒤에 개장을 싣고 다니는 것은 엄연한 불법이에요. 동물을 이동시킬 때는 적절한 사료와 물을 공급해야 하고, 추위와 더위를 피할 수 있어야 하거든요. 몰라서 혹은 알면서도 아무렇지 않게 하는 행위 모두가 동물보호법 위반이지만, 애매한 법률 규정 때문에 지금까지는 강력하게 처벌하지 못했어요.

'동물'보호법은 누구를 보호하나요?

수산물이나 해산물 파는 곳을 가면 커다란 수조가 있어요. 살아 있는 대게, 물고기, 바닷가재 등을 직접 고르면, 바로 요리해서 먹을 수 있어요. 한국에서는 너무 당연한 일이지만, 영국, 호주, 스위스 같은 나라에서 이런 행위는 불법이에요. 살아 있는 해양생물을 고통스럽게 죽여서 요리했기 때문이에요.

한국에도 동물보호법이 있지만 오징어나 문어 같은 두족류, 딱딱한 껍데기가 있는 게나 새우 같은 갑각류 등의 무척추동물은 동물보호법에서 보호하지 않아요. 하지만 호주, 영국, 스위스, 노르웨이, 뉴질랜드 등의 국가에서는 보호할 대상에 넣었어요. 지각이 있는 존재(동물)에게 불필요한 고통을 주면 안 된다는 이유 때문이에요.

세계 여러 나라의 동물보호법을 살펴보면 공통점이 있어요. 생명체 스스로 고통을 느낄 수 있는지, 없는지에 따라 보호 대상을 정해요. 한국도 마찬가지고요. 이런 대상을 '지각 있는 존재'라고 해요. 고통과 슬픔과 즐거움 같은 다양한 감정을 느끼는 생명체를 '지각 있는 존재'로 판단하고 보호 대상에 넣죠.

문어, 가재 등의 무척추동물을 보호 대상에 넣었다고 해서 먹지 말라는 뜻이 아니에요. 음식으로 조리할 때 동물에게 고통을 주지 말라는 뜻이죠. 이를테면 문어와 가재를 살아 있는 채 끓는 물에 넣어 삶으면 안 되고, 살아 있는 문어와 가재를 수조에 넣어 운반해도 안 돼요. 무척추동물에게 고통을 주지 않으려면, 문어를 전기 충격 또는 급속 냉동으로 기절시킨 뒤 고통 없이 죽여서 요리해야 해요. 문어와 가재 등의 무척추동물도 고통을 느끼기 때문이에요.

우리나라에서는 포유류, 조류, 파충류, 양서류, 어류 등 척추동물만 법으로 보호해요. 두족류와 갑각류 등의 무척추동물은 빠져 있어요. 이런 동물은 감정이 없고 감각이 둔해서 고통을 느낄 수 없다고 '판단'했기 때문이에요.

게다가 같은 어류라도 '식용인지 식용이 아닌지'에 따라 대접이 달라져요. 계곡에서 헤엄치고 노는 산천어는 보호 대상이지만, 양식장에서 식용으로 키운 산천어는 보호받지 못해요. 예전에 동물보호단체가 화천 산천어 축제에 사용한 산천어가 동물 학대를 받았다고 신고했어요. 하지만 양

식한 산천어는 식용이기 때문에 보호 대상이 아니므로 동물 학대가 인정되지 않았어요.

동물보호법은 누구를 보호하는 걸까요? 말 그대로 모든 '동물'을 보호해야 하는 법이에요. 그런데 한국의 동물보호법은 인간의 관점에서 생각하고, 인간의 관점으로 동물을 구분해서 보호해요. 가축과 동물은 단어만 다를 뿐, 같은 생명체예요. 강아지와 고양이는 동물이고, 닭, 소, 돼지는 '가축'으로 쓰고, '식품'으로 읽어야 할까요?

동물을 물건이나 먹거리로 생각하며, 고통을 느끼는 걸 알면서도 잔혹한 행위를 반복하는 것은 학대예요. 동물에게 고통을 주지 않도록 노력하는 행동, 이것이 대한민국을 더 위대하고 도덕적으로 만들 수 있는 바람직한 길임이 분명해 보여요.

10

어떤 동물도 인간의 유희를 위해
착취해서는 안 된다.

세계동물권리선언 제10조 제1항

너의 고통은 나의 즐거움

경제가 발전하면서 여유를 즐기는 방법도 다양해졌어요. 가족끼리 등산을 하거나 낚시를 즐기기도 하고, 여행을 다니고 공연과 전시를 보러 다니는 시간이 늘었어요. 우리가 볼거리, 즐길 거리라고 말하는 것 중에서 동물을 집중적으로 괴롭히는 것이 있어요. 낚시, 동물 체험, 동물 싸움이에요.

우리는 순간의 손맛을 느끼기 위해, 신기한 것을 보기 위해, 짜릿한 쾌감을 위해 이런 것을 보고 즐길 때가 있어요. 하지만 동물은 괴로워요. 순간순간 불안에 떨며 죽음의 문턱을 경험하죠. 동물 쇼와 전시는 동물 권리를 침해하는 행위예요. 동물의 자유와 행동을 제약하니까요. 이런 환경

때문에 동물은 극심한 스트레스에 시달리고 불안에 떨어요. 심하면 죽을 수도 있어요. 또 동물을 인간을 위한 오락 도구로 사용해도 된다고 보일 수 있기 때문에 교육적으로도 좋지 않아요. 동물 쇼와 전시 관람을 통해 동물을 관찰하는 것은 바람직한 행동이 아니랍니다.

동물에 대한 정보를 얻는 방법은 상당히 많아요. 책, 신문, 인터넷 등 다양한 매체를 활용하면 동물에게 고통을 주지 않고도 정보를 얻을 수 있어요.

물고기의 기억력이 3초라고?

낚시하는 사람이 '물고기 기억력은 3초'라는 말을 자주 써요. 그래서 같은 자리에 앉아서 계속 낚싯줄을 던지죠. 그러나 과학적으로 물고기는 기억력이 나쁘지 않아요. 강을 돌아다니다가 먹이가 많은 곳은 꼭 기억해요. 연어, 송어 같은 물고기는 강에서 태어나 바다에서 성장하고 다시 태어난 곳으로 돌아와요. 기억력이 3초라면 절대 태어난 강으로 돌아올 수 없겠죠. 물고기는 다른 동물처럼 스스로 학습하고 기억하는 능력이 있어요. 잉

어와 강꼬치고기는 단 한 번 낚였을 뿐인데, 최대 3년 동안 그 미끼를 피한다고 해요.

뾰족 튀어나온 바늘 끝은 상당히 날카로워요. 낚싯바늘에 찔리면 아프기도 하지만, 한번 낚이면 빠져나갈 수 없는 형태예요. 그래야 한 번에 물고기를 꿸 수 있어요. 바늘 끝 아래쪽에는 '미늘'이라는 장치가 또 있어요. 미늘은 걸린 물고기가 쉽게 빠져나가지 못하게 만든 작은 바늘이에요. 이런 바늘이 물고기 입에 걸렸다고 생각해 보세요. 물고기는 살겠다고 공중에서 버둥대다가 입이 찢어지고 말아요.

2022년 해양수산부 조사에 따르면 한국에서 낚시를 즐기는 사람이 1천만 명 정도 있다고 해요. 이 많은 사람이 도대체 어디에서 낚시를 할까요? 강, 호수, 바다에서 하기도 하지만, 많은 사람이 주변에 있는 낚시 카페를 찾아요. 아무 준비 없이 홀가분하게 찾아가 돈만 내면 낚시를 할 수 있는 곳이에요.

낚시 카페의 환경은 물고기에게 최악이에요. 이곳에 있는 물고기는 온종일 낚싯바늘에 입이 걸렸다가 빠져나가기를 반복하거든요. 바늘에 한 번 걸려 본 물고기는 고통을 분명히 기억할 텐데, 미끼를 다시 무는 이유가 뭘까요? 낚시 카페에서는 물고기에게 먹이를 주지 않기 때문이에요. 늘 굶주려 고통에 시달리다가 배고픔을 못 이겨 미끼를 덥석 무는 거예요. 낚시꾼은 찌가 물속으로 쑥 내려가면, 낚싯대를 빠르게 낚아채며 들어 올려요. 물고기는 입이 찢어지는 고통을 느끼며 몸부림치는데, 인간은 짜릿한 손맛을 느끼며 즐거워하겠죠.

TV에서 방영하는 낚시 예능 프로그램, 낚시 전문 유튜브 채널은 또 어떨까요? 이런 영상 대부분은 낚시라는 행위를 집중적으로 보여 줘요. 큰 물고기가 걸리면 놓치지 않으려고 줄을 감았다 풀었다 하면서 물고기 힘을 빼놓아요. 지친 물고기가 퍼덕거리면서 올라오면 카메라 앞에 자랑하듯 들이밀어요. 살기 위해 몸부림치는 물고기를 잡아 올릴 때 손맛이 끝내줬다는 말도 빼놓지 않죠. 마지막에는 "소중한 생명을 다시 자연으로 돌려보내겠습니다."라는 말과 함께 물고기를 놓아줘요. 물고기 입은 이미 상처투성인데 말이죠.

물고기는 바늘을 빠져나가기 위해 몸부림치면서 펄떡거리는데, 낚시하는 사람은 이것을 '손맛'이라며 많은 사람의 호기심을 자극해요. 낚시를 안 하던 사람도 낚시하고 싶은 마음이 생기게 하죠. 생명을 정말 소중하게 생각한다면, 잡은 물고기를 놓아주기 전에 즐기기 위해 낚시하는 것에 대해 다시 생각해 보면 어떨까요.

돈을 내고 괴롭히는 동물 체험 교육

전 세계적으로 동물 쇼가 점점 사라지면서 한국의 일부 동물원에서도 동물 쇼를 없애고 있어요. 2012년에는 서울대공원에서 돌고래 쇼를 폐지했어요. 남방큰돌고래 다섯 마리 중 세 마리가 불법으로 잡은 멸종위기종이라는 사실이 알려졌거든요. 동물보호단체에서는 야생동물을 좁은 수족관에 가두고, 쇼까지 시켜 스트레스를 줬다고 비난했어요. 그 뒤 세 마리 중 가장 어린 한 마리를 바다로 돌려보냈어요. 바로 '제돌이'예요. 제돌이를 시작으로 과천 서울대공원에서는 홍학 쇼, 물개 쇼도 폐지했어요.

제돌이가 바다로 돌아간 지 10년도 훨씬 넘었지만, 아직도 돌고래 쇼를 하는 곳이 있어요. 어떤 곳은 벨루가라고도 하는 흰돌고래까지 체험할 수 있다고 자랑하듯 광고해요. 돈만 내면 돌고래와 흰돌고래를 직접 만질 수 있어요. 이것을 수족관에서는 '교감 체험'으로 포장하죠.

흰돌고래뿐만 아니라 고래는 대부분 시력이 좋지 않아요. 대신 초음파를 내보내 길을 찾고 무리와 소통하죠. 하지만 좁은 수족관에서 초음파를 내보내면 사방이 벽에 막혀 금세 돌아와요. 고래는 윙윙거리는 소리에 머리가 어지러울 뿐만 아니라 소통도 힘들어요. 게다가 관람객은 수족관 가까이에서 흰돌고래를 부르며 손짓하고, 조금 더 다가가 소리치며 유리를 두들기기까지 해요. 이런 소리도 고래를 힘들게 해요.

흰돌고래를 찾은 관람객은 꽤 많았던 것으로 보여요. 너무 귀엽다, 아이가 크면 또 오고 싶다, 아이도 어른도 모두 힐링이 되었다, 꼭 한 번 가 보길 바란다는 내용의 후기가 엄청나요. 심지어 고래를 볼 수 있는 곳을 알려 달라는 질문도 많아요. 관람 후기에 올라온 글처럼 흰돌고래는 매우 귀엽게 생겼고, 아름다운 소리를 내어 '북극의 카나리아'라는 별명이 있을 정

도로 인기가 많아요. 그래서인지 흰돌고래는 멸종위기종인데도 불구하고 수족관에 전시하기 위해 많이 잡았어요. 우리나라 몇몇 수족관에도 북극 바다에서 잡은 흰돌고래가 있어요.

흰돌고래는 넓은 바다에서 하루 100km 정도 헤엄쳐 다녀요. 좁은 수족관에 있으면 스트레스를 많이 받죠. 이럴 때마다 벽에 머리를 박아요. 사육사는 흰돌고래의 이런 행동을 막기 위해 먹이에 신경 안정제를 넣어 줘요. 건강한 고래를 데려와 병을 주고 약을 먹이며 가둬 둔다니 너무 잔인하지 않나요?

돌고래와 흰돌고래는 매우 똑똑한 동물이에요. 잡혀 왔다는 것을 스스로 알기 때문에 수족관에 오래 갇혀 있으면 우울증을 앓을 수 있어요. 게다가 넓은 바다에서는 40~50년을 살지만, 수족관에서는 평균 4년밖에 살지 못해요.

돌고래 묘기, 흰돌고래 체험 등은 모두 돈을 벌기 위해 동물을 학대하는 행동이에요. 이런 쇼와 전시를 찾고 보고 즐기며 웃는 것은 돈을 내고 동물 학대에 동참하는 것과 같아요. 헤엄칠 자유를 빼앗기고 습성대로 살아갈 행복한 삶을 잃어버린 해양생물은 괴로워하다가 죽게 돼요. 동물 쇼와 동물 전시는 동물의 자유와 생명을 무시한 채 자신의 욕심만 채우는 인간의 잔인한 행위일 뿐이에요.

동물에게 싸움을 꼭 시켜야 할까요?

　닭장 안에 수탉 두 마리가 있으면 어떻게 될까요? 아마 한 마리가 죽을 때까지 피 터지게 싸울 거예요. 사람은 수탉의 이런 특성을 이용해 일부러 싸움을 붙여요. 바로 닭싸움이에요. 잔인한 싸움이지만, 아주 오래전부터 여러 나라에서 닭싸움을 즐겼어요. 역사가 무려 6천 년이나 된다고 해요. 특히 인도, 중국, 페르시아에서 닭싸움은 매우 인기가 높았어요. 지금은 여러 국가에서 닭싸움을 법으로 금지했어요. 하지만 쿠바, 필리핀, 도미니카 공화국 등 몇몇 나라는 아직 불법이 아니에요.

　닭싸움 외에도 소싸움이 있어요. 소싸움은 스페인의 투우가 유명해요. 관객은 투우사가 휘두르는 칼과 창을 다루는 손놀림에 열광해요. 죽어 가는 소의 몸부림을 보며 환호성을 질러요. 이것을 정열이라는 단어로 표현하죠. 동물이 서서히 고통 속에서 죽어 가는 모습을 이런 단어로 포장하는 게 옳을까요. 스페인 일부 지방에서는 전통문화라고 생각하던 투우를 금지하기 시작했어요. 하지만 대다수 지역에서는 전통문화를 고집하며 투우를 계속하고 있죠.

　한국에서도 소싸움이 열려요. 소와 소가 뿔을 맞대고 밀고 당기기를 반복하다가 뒤를 보이고 도망가면 지는 싸움이에요. 소싸움도 닭싸움처럼 한쪽에 돈을 걸고 내기를 하면서 응원해요. 소싸움은 우리나라 여러 지역에서 열려요. 그중에 청도 소싸움이 가장 유명해요. 닭싸움, 개싸움

은 불법인데 소싸움만 아직 합법이에요. 한국의 동물보호법을 보면 동물 싸움을 금지하고 있어요. 하지만 소싸움은 예외일 뿐만 아니라 오히려 전통으로 장려해요. 전통과 민속이 합쳐지면, 합법이 될 수 있다니 너무 신기해요.

동물을 사람의 구경거리, 오락거리, 재밋거리로 사용하는 것은 동물 권리를 무시하는 행위예요. 그래서 지금은 동물 쇼와 동물 서커스가 많이 사라졌어요. 하지만 요즘은 다른 이름으로 둔갑하여 새롭게 동물을 괴롭히고 있어요. 바로 체험, 교육, 민속, 전통이라는 그럴싸한 가면을 쓰고 동물을 학대하죠. 형태는 달라졌지만, 동물이 받는 고통은 똑같아요.

입고 먹는 것에 가려진 잔인함

11

동물을 무자비하게 죽이는 모든 행위는
생명 파괴, 즉 생명을 위협하는 범죄이다.

세계동물권리선언 제11조

동물을 무자비하게 죽이는 행위가 범죄라면, 우리 모두 범죄자가 될 수 있어요. 동물을 직접 죽이지는 않았지만, 모두 모른 척하며 방관하고 부추겼으니까요.

겨울철 추위를 막아 주는 패딩 속에 어떤 동물의 털이 들어 있는지 생각해 봤나요? 패딩 모자에 달린 풍성한 털은요? 대게나 바닷가재 요리는 어떻게 만들까요?

이 모든 게 동물의 고통스러운 죽음과 관련이 있어요. 산 채로 털을 뽑고 가죽을 벗겨 만든 옷과 산 채로 요리하는 음식을 생각해 봐요. 동물은 생명체로서 존중받을 권리가 있어요. 이런 권리를 무시하고 동물을 잔인하게 죽이는 행위는 윤리적으로 바람직하지 않아요. 일부 나라에서는 어떤 이유로든 동물을 잔인하게 죽이는 행위를 법적으로 금지했어요. 사회적으로 합의를 이룬 거죠. 그러나 아주 일부 국가뿐이에요. 동물의 고통스러운 죽음을 막으려면 더 많은 나라, 더 많은 사람이 고민하고 노력하고 함께해야만 해요.

산 채로 털이 뽑히는 오리와 거위

가볍고 따뜻한 패딩은 오리털이나 거위털을 많이 써요. 패딩을 잘 살펴보면 품질이나 성분 표시와 함께 700, 800, 900이라는 숫자가 쓰여 있을 거예요. 만약 있다면 거위털이나 오리털로 패딩을 채웠다는 뜻이에요. 이 숫자는 털이 수축했다가 팽창하는 힘을 뜻해요. 숫자가 클수록 빵빵하게 잘 부풀어 올라 더 따뜻하다는 말이에요.

거위털과 오리털은 대부분 중국 농장에서 생산하는데, 산 채로 가슴 털을 뽑는 경우가 많아요. 죽기 전까지 5~15회 털을 뽑아요. 살점도 같이 떨어져 상처가 나면 마취 없이 그냥 꿰매 버려요. 생각만 해도 끔찍하고 상상만으로도 우울해져요. 그러니 이런 일을 당하는 오리와 거위는 어떻겠어요.

동물보호단체에서 오리가 산 채로 털이 뽑히는 모습을 영상으로 찍어 널리 알리면서 의류 회사들이 조금씩 변하기 시작했어요. 끔찍한 영상 때문인지 동물 학대에 관심을 두는 소비자도 점점 늘어났어요. 그리고 동물이 느낄 고통을 줄이기 위한 노력이 하나둘 생겨났죠.

　'RDS 인증'이라고 들어 봤나요? RDS 인증은 학대 없이 동물을 기르고, 고통 없이 죽인 뒤 털을 뽑아 만든 옷을 인증하는 표시예요. 패딩을 살 때 이런 표시가 있는지 찾아보세요. 이런 제품을 많이 살수록 고통받는 거위

와 오리도 점점 줄어들겠죠. RDS 인증 외에도 인공 소재로 만든 솜털인 '인공 충전재'가 있어요. 인공 충전재는 플라스틱을 원료로 만들어요. 거위털이나 오리털만큼 가볍고 따뜻하죠. 그러나 플라스틱도 너무 많이 사용하는 건 좋지 않아요. 덜 사고, 오래 입고, 바꿔 입는 습관이 중요해요.

예전과 달리 요즘은 소비자도 많이 달라졌어요. 환경을 생각하는 착한 소비를 실천하면서 '비건 패션'을 찾는 소비자가 늘어났거든요. 비건 식품처럼 비건 패션은 동물을 학대하지 않고, 환경을 파괴하지 않는 옷을 입는 거예요. 모피뿐만 아니라 거위털, 오리털 같은 충전재가 들어간 옷을 입지 않아요.

소비자가 동물 털이 들어간 옷을 사지 않으면, 의류 회사에서도 동물 털이 들어간 제품을 만들지 않겠죠. 착하고 건강한 소비가 늘면 늘수록 동물의 고통스러운 죽음도 서서히 줄어들고요.

산 채로 가죽을 벗겨 만든 털옷

TV에서 중국 모피 사육 농장에서 일어나는 동물 학대 장면을 방송한 적이 있어요. 이를 보고 많은 사람이 모피를 입지 않겠다고 결심하기도 했어요. 동물 털을 얻기 위해 가죽을 벗겨 내는 장면이 너무 충격적이었거든요.

넓은 공터에 라면 상자 크기의 철장이 다닥다닥 붙어 있어요. 철장 안에 너구리가 한 마리씩 들었고요. 남자가 철장을 살피더니, 너구리 꼬리를 잡아 들어 올렸어요. 그러고는 쇠뭉치로 너구리 머리를 세게 내려쳤어요. 너구리는 살려 달라고 발버둥을 쳤지만, 남자는 꼬리를 든 채 칼로 가죽을 벗겨 냈어요. 산 채로 가죽을 도려내는 이유는 너무 단순해요. 너구리가 죽으면 가죽이 굳어 작업하기 어렵고, 털이 부드럽지 않아 상품 가치가 떨어지기 때문이에요. 예전에는 유럽에서도 이런 방식으로 동물을 키워 모피를 얻었어요. 하지만 동물 학대 논란이 일자 모피 동물 사육이 줄어들었어요. 동물 털과 가죽 사용이 줄었다기보다 사육 농장이 중국으로 모두 옮겨 갔을 뿐이죠.

중국 모피 농장에서는 밍크, 담비, 여우, 오소리, 너구리 등을 뜬장에 넣어 키워요. 바닥이 숭숭 뚫린 철장 말이에요. 게다가 털을 얻기 위해 동물을 아주 잔인하게 죽여요. 산 채로 껍질을 벗기니까요. 전 세계에서 사용하는 모피 대부분 중국에서 수입해요. 한국도 마찬가지고요. 과연 우리가 중국을 비난할 수 있을까요? 모피를 입는 사람이 줄지 않는 한 반복될 수밖에 없는 슬픈 현실이고, 현실을 바꿔 동물을 구할 수 있는 우리에게도 분명 책임이 있어요.

성인 몸을 가죽으로 덮으려면 얼마나 많은 동물이 목숨을 잃어야 할까요? 라쿤 40마리, 여우 42마리, 밍크 60마리, 바다표범 8마리, 수달 20마리가 필요하대요. 수많은 동물의 비참한 죽음을 막기 위해 몇몇 의류 회사에서 자발적으로 동물 학대에 반대하는 '퍼 프리(Fur free)'를 선언했어요.

이런 회사가 늘어나면, 동물 학대도 점점 줄어들 거예요.

지금 당장 여러분의 옷장을 열어 보세요. 동물 털과 가죽으로 만든 옷을 꼭 입어야 하는지.

살아 있어야 제맛이라고!

접시 위에서 눈을 껌뻑이고 꼬리까지 펄떡거리는 생선을 보고도 아무렇지 않게 회를 집어 입에 넣는 사람이 많아요. 그러고는 싱싱해 보인다고, 살아 있어 더 맛있다고 해요. 특히 한국에서 많이 볼 수 있는 풍경이죠.

수산 시장에 생선회를 사러 갔을 때를 한번 떠올려 봐요. 화려한 조명 아래 수많은 수조가 쭉 늘어서 있고, 헤엄치는 물고기가 가득 차 있어요. 수조를 살피다가 손가락으로 가리키면 살아 있는 물고기를 건져 줘요. 물고기는 물 밖으로 나오는 순간 숨을 쉴 수 없어요. 입을 벌리며 온몸을 비틀어 펄떡거려요. 이제부터 빛의 속도로 모든 과정을 진행해요. 머리를 때려 기절시킨 뒤 피를 빼고, 껍질을 벗기고, 생선 뼈를 발라내고, 살을 썰어 담아요. 펄떡이던 생선이 눈앞에서 죽어 가는 광경을 목격하고도 아무렇지 않게 젓가락으로 회를 집어요. 전 세계에서 한국만큼 살아 있는 물고기를 바로 잡아서 많이 먹는 나라가 없어요.

사람들 말처럼 정말 살아 있는 물고기가 더 싱싱하고 건강한 상태일까요?

바다에서 낚시로 직접 잡은 물고기가 아니라면 건강하다고 말할 수 없을 거예요. 양식 물고기는 세균 감염을 막기 위해 항생제를 많이 사용해요. 물속에 사는 나쁜 벌레를 죽이기 위해 살충제도 사용하죠. 한국에 있는 양식장 대부분 항생제와 살충제를 사용해요. 살아 있다고 해서 더 싱싱하고 꼭 건강하다고 볼 순 없어요.

유럽에서는 살아 있는 물고기를 바로 잡아서 먹는 경우가 드물어요. 잔인하게 죽인 물고기를 싫어하기 때문이에요. 그래서 전기로 물고기를 기절시킨 후, 피를 빼내어 요리에 사용해요.

세계동물보건기구(WOAH)에서는 양식 물고기의 복지 기준을 정해 놓았어요. 물고기 운송 방법, 기절시키는 방법, 잡는 방법, 질병 때문에 살처분할 때 방법까지 자세히 만들어 놓았어요. 하지만 한국에서는 양식 물고기에 대한 복지 기준이 없어요. '식용'으로 키우는 어류, 양서류, 파충류는 보호 대상이 아니거든요. 이 말은 실컷 괴롭혀도 먹어 버리면 '무죄'라는 뜻이에요.

동물은 평생 사람을 위해 살다가 모든 것을 아낌없이 내주고 죽어요. 동물에게 모든 것을 빼앗았다면, 고마운 마음을 가져야 인간의 도리가 아닐까요? 그런데도 우리는 동물에 대한 고마움을 계속 잊어버리는 것 같아요. 동물에게 마지막까지 고통을 주는 것은 잔인함을 넘어 인간의 도리를 저버리는 행동입니다.

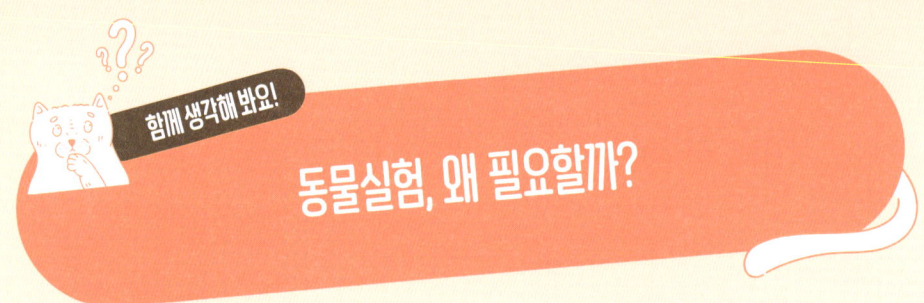

동물실험을 꼭 해야 할까요?

인간의 건강 개선
동물실험을 통해 새로운 약물이나 치료 방법을 개발할 수 있고, 이것을 통해 인간의 건강을 개선할 수 있다.

동물 학대
동물실험을 할 때, 동물이 고통을 겪을 수 있으므로 이것은 동물 학대다.

예측성 부족
동물과 인간은 생물학적으로 다르므로 동물실험을 거친 약물의 효과를 사람에게 적용하는 것은 위험할 수 있다.

동물실험 필요해요

대안이 없다
동물실험을 대체할 만한 다른 방법이 없다. 인간에게 직접 시험하는 것은 윤리적으로 문제가 있고, 모든 인간에게 시험해 볼 수 없으므로 동물실험은 어쩔 수 없이 해야 한다.

동물 학대일 뿐

대안이 있다
동물실험을 대체할 방법이 있다. 예를 들어, 인공 조직 및 세포의 생명공학 기술, 컴퓨터 모델링 및 인공 지능 등의 기술을 사용하면 동물실험을 하지 않아도 된다.

생명 보호와 노력
동물실험은 생명 보호를 최우선에 두며, 동물실험을 할 때 동물에게 고통을 적게 주기 위해 노력하고 있다.

제4부

마지막까지 더 잔인하게

12

야생동물을 집단 살생하는 것과 관련된
모든 행위는 대량 학살, 즉 그 종에 대한 범죄이다.

세계동물권리선언 제12조 제1항

21세기 대한민국에서 동물을 집단으로 살생하는 것이 가능할까요?

불가능해 보여도 생각보다 이런 일이 자주 발생해요. 구제역 같은 전염병이 돌면 많은 동물을 죽이니까요. 이 과정을 살처분이라고 하는데, 살처분 과정이 너무 끔찍해요. 살아 있는 동물을 구덩이에 넣고 그냥 묻거든요.

어떤 이유에서든 많이 잡는 행위도 대량 학살과 다름없어요. 바다에서 얼마나 많은 물고기를 잡았는지 세계 수산 자원 3분의 1 정도가 멸종 위기에 놓였어요. 우리 바다만 살펴봐도 예전에 많이 잡히던 명태, 꽁치, 쥐치가 모두 사라졌고요.

동물을 대량 학살하는 행위는 그 동물을 멸종으로 내몰아요. 하나둘 사라지다 보면 지구 생태계 속 한 부분을 차지하는 인류마저 언젠가 생존을 위협받을 수밖에 없어요. 인류가 지속 가능한 미래를 그리기 위해서라도 동물을 마구 잡고 마구 죽이는 행동은 지금, 여기서 멈춰야 해요.

반경 10km 안은 모두 죽여라!

겨울이 되면 조류독감이 잊지 않고 찾아와요. 조류독감은 조류인플루엔자 바이러스에 감염되어 발생하는 병이에요. 주로 닭, 오리, 야생 조류에서 발병하는 급성 바이러스성 전염병이에요.

동물 전염병이 돌면 곧이어 살처분한다는 소식을 들을 수 있어요. 2000~2019년까지 20년간 조류독감으로 닭, 오리 등의 동물(가금류) 1억 마리가량을 살처분했어요. 이렇게 죽은 가축 모두가 조류독감에 걸리지는 않았어요. 조류독감이 발생하면, 다른 곳으로 퍼지지 않도록 주변 2~3km 안에 있는 모든 농장의 동물까지 살처분해 버리니까요. 예전에는 반경 10km까지 모두 살처분하기도 했어요.

아프리카돼지열병도 무서운 전염병이에요. 아프리카돼지열병은 돼지만 걸리는 전염병으로 침, 똥, 눈물 등으로 전파돼요. 감염되면 대부분 죽기 때문에 '돼지 흑사병'으로 불려요. 2019~2022년까지 돼지 48만 마리 이상을 살처분했어요. 소, 돼지, 염소, 사슴, 낙타 등 발굽이 두 개인 동물만 걸리는 구제역 바이러스도 있어요. 전염성이 강해서 한 마리가 걸리면 나머지 가축 모두에게 빠르게 전파돼요. 구제역 바이러스로 20년간 400만 마리를 죽였어요.

감염병이 돌 때마다 살처분을 선택하는 이유가 뭘까요? 바로 세계동물보건기구(WOAH)에서 인정하는 청정 국가 지위 유지 때문이에요. 최종 살처분이 끝난 뒤 28일간 추가 발생이 없고, 바이러스 발생 증거가 없음을 입증하면 청정 국가 지위를 인정받을 수 있거든요. 청정 국가 지위를 유지하면 해당 축산물을 수출할 수 있어요. 하지만 한국은 축산물 수출이 많지 않아요. 그런데도 가축 전염병이 돌 때마다 살처분을 반복해요.

가축에게 왜 이런 전염병이 자주 발생할까요? 여러 이유가 있겠지만, 공장식 집단 사육이 가장 큰 원인이에요. 조류독감 바이러스는 철새가 옮긴다고 해요. 철새 몸속에 조류독감 바이러스가 있거든요. 철새는 건강해서 웬만해서는 아프지 않아요. 몸이 아픈데 남쪽에서 북쪽까지 수천 킬로미터를 날아다닐 수는 없잖아요. 하지만 인간이 사육하는 닭과 오리는 달라요. 공장식 집단 사육으로 면역력이 매우 약하거든요. 아주 약한 바이러스가 침입해도 가축은 병을 이기지 못하고 쉽게 죽게 되죠.

많은 동물보호단체에서 무책임한 살처분에 대해 비난했어요. 살처분 대신 백신을 맞는 게 더 효과적이라고 주장해요. 백신 접종은 모든 면에서 이득이에요. 살처분에 들어가는 비용이 만 원이라면, 백신 두 번 맞는 비

용은 몇백 원밖에 안 되거든요. 이뿐만 아니라 백신 접종은 많은 생명을 살릴 수 있는 인도적인 방법이에요.

사람이나 동물이나 병에 걸릴 수 있어요. 하지만 전염을 막기 위해 병에 걸리지도 않은 동물까지 없애는 건 잘못된 선택일 수 있어요.

물고기 씨를 말려라!

인류는 오래전부터 물고기를 잡았어요. 수산물은 건강을 유지하는 데 꼭 필요한 단백질 공급원이에요. 전 세계 인구가 늘어나면서 많은 양의 물고기를 잡아 바다생물 양이 급속히 줄어들었어요. 그리고 1979년 유엔 식

량농업기구(FAO)에서 세계 식량 문제 해결을 위해 '세계 식량의 날'을 만들었어요. 많은 국가가 서로 노력하지 않으면 전 세계적으로 식량 위기가 올 수 있기 때문이에요.

예전에는 가까운 바다에서 물고기를 잡았어요. 계속 잡다 보니 물고기가 점점 줄어들었죠. 사람들은 더 큰 배를 타고 먼바다로 나갔지만, 비용만 더 들 뿐 기대만큼 물고기가 잡히지 않았어요. 그러니 물고기를 잡기보다 키우는 쪽으로 눈을 돌렸어요. 이제 바다에서 잡은 물고기 양보다 양식으로 키운 물고기 양이 훨씬 많아요. 하지만 시간이 흐를수록 바다생물이 줄어들었어요. 유엔 식량농업기구는 세계 수산 자원 3분의 1이 사라질 위기에 처해 있다고 경고했어요.

바다생물이 멸종 위기에 놓인 이유는 '남획'과 '혼획'을 꼽을 수 있어요.

남획이란 물고기나 동물이 번식하는 속도보다 더 많은 양을 잡아서 수가 점점 줄어드는 현상이에요. 남획으로 잡은 물고기는 다른 동물을 위한 사료, 대형 어류를 잡는 데 필요한 미끼, 어묵 같은 수산 가공품, 뼈째 썰어 먹는 회 등으로 이용해요. 여기서 사료로 사용하는 양이 제일 많아요. 사료용 물고기를 잡을 때 큰 물고기, 작은 물고기, 새끼 물고기까지 닥치는 대로 잡아 버려요. 모두 갈아서 사료로 만들면 되거든요.

덜 잡기 위해 양식을 한다지만 물고기 양식 과정을 살펴보면 매우 비효율적이에요. 물고기 몸무게를 1kg 늘리려면, 사료를 3kg 먹여야 해요. 물고기 한 마리를 먹기 위해 세 마리를 잡아 사료를 만드는 셈이에요. 게다가 어린 물고기까지 잡아 버리니, 바다에 물고기가 줄어들 수밖에 없어요.

남획도 문제지만 혼획도 아주 심각해요. 혼획은 특정 어류를 잡으려고 친 그물에 다른 어종이 섞여 잡힌 것을 말해요. 대량으로 물고기를 잡는 곳에서는 언제나 혼획이 발생해요. 특히 고래, 상어, 바다거북 등 멸종 위기종이 혼획으로 많이 죽어요. 상어류는 연간 1억 마리, 고래류는 연간 30만 마리 이상이 혼획되어 죽었어요. 상어는 물고기 떼를 쫓다가 잡히는 경우가 꽤 많아요. 귀상어의 89퍼센트, 환도상어와 백상아리의 80퍼센트가 혼획으로 사라졌어요.

어선이 사용하는 저인망 그물도 큰 문제예요. 저인망 그물은 바다을 끌면서 닥치는 대로 해양생물을 잡아 버려요. 산호초가 있는 곳은 저인망 그물로 큰 피해를 보았어요. 호주의 경우 산호 90퍼센트가 저인망 어선으로 사라졌고, 노르웨이는 30~50퍼센트가 파괴되었어요. 산호초는 바다에서 매우 중요한 역할을 해요. 바다 면적의 0.2퍼센트밖에 안 되지만, 해양생물의 25퍼센트가 서식할 만큼 중요한 공간이거든요. 산호초가 사라지면 그곳을 기반으로 살아가는 해양생물도 같이 사라질 수 있어요.

우리가 지금처럼 물고기를 잡고, 해양생물이 살아갈 터전을 아무렇지 않게 파괴한다면 어떤 일이 벌어질지 상상해 봐요. 해양생물을 연구하는 많은 학자가 이렇게 말해요. 2048년쯤이면 바다에서 물고기가 씨가 마르게 된다고요.

이젠 멈춰야 해요

예전에는 한반도 동해 앞바다에 명태가 많았지만, 지금은 거의 찾아볼 수 없어요. 그 이유는 너무 많이 잡아서예요. 국민 생선이라 불릴 만큼 한국인이 가장 많이 먹는 생선 1위가 명태였고, 지금도 많이 즐겨요. 그러나 지금 밥상에 오르는 명태 대부분 러시아 바다에서 잡혀요. 이상하지 않나요? 러시아 바다에는 명태가 있는데 우리나라 바다에서는 거의 볼 수 없으니 말이에요.

명태는 러시아와 알래스카 바다에서 살다가 알을 낳을 때 태어난 곳으로 내려와요. 1970~1980년에는 명태가 동해에서 많이 잡혔어요. 한 해 평균 10만 톤을 잡았거든요. 1970년에는 수산자원보호령을 바꿔 명태 새끼인 노가리까지 잡았어요. 많은 배가 바다로 나가 큰 놈, 작은 놈 할 것 없이 명태를 잡아 씨를 말렸어요. 게다가 명란젓을 만들기 위해 알을 밴 명태까지 모조리 잡았죠. 이러니 명태가 사라질 수밖에요. 2008년에는 동해에서 명태를 거의 잡지 못했어요. 그 뒤 국립수산과학원 동해수산연구소에서 명태를 복원하기 위해 다양한 노력을 시작했어요. 최근 명태가 조금씩 잡힌다는 얘기를 간간이 듣곤 해요. 하지만 예전처럼 몇만 톤씩 잡혔다는 소식은 아직 없어요.

명태 말고 쥐치와 꽁치도 사라졌어요. 예전에는 참 흔했는데 말이에요. 한국에서는 대량 어획을 막기 위해 1998년부터 물고기마다 잡을 수 있는 양을 정해 놓고 관리해요. 매년 물고기 양을 조사해서 그 수가 줄어들면 많이 못 잡게 하는 방식이에요.

사람이 생태계 최고 상위 포식자가 되면서 생태계는 혼란에 빠졌어요. 게다가 최고 상위 포식자 자리를 유지하기 위해 동식물을 고갈시키며 환경까지 파괴했어요. 지구 온난화로 바다가 뜨거워지면서 산호가 사라졌고, 바다에는 사람이 버린 쓰레기가 넘쳐나 해양생물이 고통받아요. 이제 여기서 멈춰야 해요! 지금도 많이 늦었어요. 경고에서 그치는 게 아니라 현실로 드러나는 수많은 현상과 사건이 말해 주잖아요. 자연과 동물을 존중함으로써 사람과 동물이 공존할 때 인류의 미래도 오래 지속될 수 있어요.

내 죽음을 사람에게 알리지 마라!

13

죽은 동물은 정중하게 대우를 받아야 한다.

세계동물권리선언 제13조 제1항

반려동물이 죽으면 무지개다리를 건너갔다고 얘기해요. 하지만 아름다운 무지개다리를 지나면 종량제 쓰레기봉투가 기다린다는 사실을 알고 있나요? 그나마 반려동물은 이 정도 대우를 받지만, 다른 동물의 죽음은 너무 끔찍해요. 고기나 사료로 쓰이는 경우가 많으니까요.

동물의 사체를 정중하게 대우하는 것은 동물 복지와 동물 윤리 측면에서 매우 중요해요. 동물은 생명이 있는 존재이기 때문에 사체를 존중하고 경의를 표하는 것이 동물의 존엄성을 보호하는 행동이에요. 동물은 살아 있을 때 인간을 위해 모든 것을 다 주잖아요. 그런 동물을 죽은 뒤에도 정중하게 대우하는 것은 인간의 윤리적 책임입니다.

친구를 쓰레기봉투에 넣으라고요?

반려동물에서 '반려'는 친구를 뜻해요. 그런데 반려동물이 죽으면 땅에 묻을 수 없어요. 반려동물 사체는 생활 폐기물로 분류되기 때문에 관련 법에 따라 종량제 쓰레기봉투에 넣어 버려야 하거든요. 불쌍한 마음에 산에 묻으면 불법이에요.

반려동물이 죽었을 때, 종량제봉투 외에도 처리하는 방법은 두 가지가 더 있어요. 반려동물이 치료를 받다가 죽으면 사체를 동물 병원에 맡겨 처리할 수 있어요. 집에서 버리면 생활 폐기물이지만, 동물 병원에서 처리하면 의료 폐기물로 바뀌어요. 의료 폐기물은 병원에서 나온 솜, 주사기 등과 함께 감염성 폐기물 처리업체로 보내 불에 태워 없애죠. 살아 있을 때는 '반려'처럼 대하지만, 죽어서는 물건 취급을 받아야 하는 실정이에요.

또 한 가지는 동물 장례식장을 이용하는 방법이에요. 하지만 주변에서 동물 장례식장을 찾기가 쉽지 않아요. 2022년 기준으로 우리나라 전체에 허가받은 동물 장례식장이 59곳밖에 없거든요. 그래서 많은 사람이 불법이지만 야산이나 화단이나 앞마당에 반려동물을 묻는 게 아닐까요?

게임 하듯 사냥한다고?

　요즘은 스마트폰으로 게임을 하는 사람이 많을 거예요. 여러분은 어떤 게임을 즐겨 하나요? 게임 중에는 동물을 사냥하는 임무가 꽤 많아요. 소를 죽이면 고기와 가죽을 얻고, 양을 죽이면 양털이 생겨요. 이렇게 하나하나 모아 캐릭터를 성장시키죠. 게다가 다른 친구보다 등급이 높거나(고레벨), 모아 둔 전리품(아이템)이 많으면 자랑도 하겠죠. 그러나 이런 게임을 자주 하다 보면 동물 사냥에 대한 죄책감이 무뎌질 수도 있어요. 조금 더 심하면 게임 세계와 현실 세계를 헷갈릴 수도 있고요.

　현실에서도 게임처럼 야생동물을 사냥하고 즐기는 사람이 있어요. 바로 트로피 헌팅(trophy hunting)을 즐기는 사람이에요. 미술 대회나 피아노 경연 대회에 참가하여 좋은 성적을 내면 상장과 트로피를 받잖아요. 그러면 상장과 트로피를 집에 가져와 잘 보이는 곳에 두죠. 트로피 헌팅도 비슷해요. 남에게 보여 주기 위해 전시할 목적으로 야생동물을 사냥하는 거예요. 돈을 내고 정해진 장소에 들어가면 사자, 표범, 하마, 코끼리, 코뿔소, 북극곰 등을 잡을 수 있어요. 물론, 사냥한 동물에 따라 내는 돈이 달라요. 사자 한 마리를 잡으면 6천만 원 정도를 내야 해요. 이렇게 잡은 야생동물은 박제해서 자랑하듯 전시하고요.

　트로피 헌팅은 아프리카의 많은 나라에서 돈벌이 수단으로 합법적으로 이루어져요. 게다가 유럽 최대 사냥 박람회에서는 트로피 헌팅을 홍보하

돈벌이여서 합법인 사냥의 어두운 그림자

며 트로피 헌팅에 참여할 사냥꾼을 모아요. 2023년에도 사냥 박람회를 개최했어요.

매년 12만 마리 이상의 야생 포유류가 트로피 헌팅으로 사라져요. 트로피 헌팅에 참가하는 사냥꾼은 크고 강한 동물을 좋아해요. 이런 동물 대부분이 생태계 최상위 포식자예요. 최상위 포식자가 하나둘 사라질 때마다 생태계 먹이그물에는 엄청난 피해가 발생해요.

수많은 동물보호단체에서 트로피 헌팅을 중단하라고 요구했지만, 아직 크게 줄어들지 않았어요. 이제, 전 세계가 나서 트로피 헌팅을 중단하라는 목소리를 높여야 할 때예요.

죽어라 뛰었지만

말이 태어나면 제주도로 보내고, 사람이 태어나면 서울로 보내라는 말이 있어요. 옛날부터 제주도는 한라산 주변에 초원이 많아 말을 키우기 좋은 곳이었어요. 특히 제주말은 덩치가 작아도 매우 튼튼하고 잘 뛰어요.

잘 뛰는 말은 경주마가 될 수 있어요. 한국에는 과천, 부산, 제주에 경마장이 있어요. 경주마는 보통 말과 대접이 달아요. 쾌적한 환경에서 질 좋은 먹이를 먹으며, 수의사에게 관리까지 받아요. 어떤 경주마는 보약도 챙겨 줘요. 하지만 경주하다가 다치거나 늙어서 뛰지 못하면 이런 대접도

끝이에요. 경주마에서 '용도 미정'으로 신분이 바뀌거든요. 좋은 주인을 만난 말은 '승용'이나 '관상용'이 되지만, 대부분 말고기로 팔려 나가요. 경주에서 죽어라 뛰었지만, 도축장으로 끌려가 진짜 죽게 되는 불쌍한 신세가 되는 거예요. 처음부터 도축장으로 끌려가지는 않아요. 경주하다가 다치면 우선 치료를 받아요. 사람처럼 약을 먹고 주사를 맞죠. 하지만 치료가 어려우면 도축장으로 끌려가요.

경마장에서 기수와 한 몸이 되어 열심히 뛰었는데, 마지막 향하는 곳이 도축장이라니 씁쓸해요. 사람을 위해 경주에서 최선을 다해 뛰었다면, 마지막은 정중하게 대우받으며 가족처럼 장례를 치러 줘야 하지 않을까요.

사체로 돌아가는 공장

경주마가 죽어서 갈 수 있는 곳이 또 있어요. 바로 동물 사체를 전문으로 취급하는 폐기물 처리업체예요. 여기서는 동물 사체를 가공하여 동물 사료용 원료를 만들어요. 반려동물 사료에도 이런 재료가 들어간답니다.

동물 사료 포장지를 보면 어떤 원료를 사용했는지 알 수 있어요. 닭고기, 돼지고기, 생선 등의 단백질 분말과 각종 영양소가 있어 얼핏 보면 정말 좋은 재료를 사용해서 만든 듯 보여요.

여기서 주목해야 할 것은 동물성 단백질의 원료인 닭고기 분말과 육분이에요. 영어로는 이러한 가루를 밀(Meal)이라고 해요. 사료에는 다양한 동물 분말이 사용되는데, 이 재료는 과연 어디에서 왔을까요? 농장, 동물원, 유기 동물보호소 등에서 동물이 죽으면 동물 사체를 전문으로 취급하는 폐기물 처리업체로 보내요. 여기서 고온 살균 과정을 거쳐 단백질 가루인 밀을 만들죠. 이 과정을 렌더링(Rendering)이라고 해요.

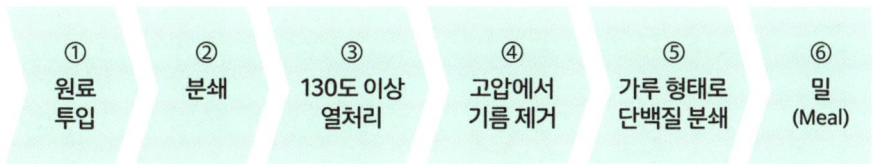

① 원료 투입 ② 분쇄 ③ 130도 이상 열처리 ④ 고압에서 기름 제거 ⑤ 가루 형태로 단백질 분쇄 ⑥ 밀(Meal)

육분은 말 그대로 어떤 동물인지 정확히 밝히고 싶지 않을 때 뭉뚱그려 쓰는 단어예요. 모든 종류의 동물이 다 들어갈 수 있다는 뜻이에요. 닭고기 분말도 믿을 수 없어요. 우리가 먹는 모든 치킨이 암탉이라는 사실 기억하죠? 전 세계적으로 매년 70억 마리의 수평아리가 태어나자마자 죽어요. 수평아리 사체는 동물 사체를 전문으로 취급하는 폐기물 처리업체로 보내 살균 과정을 거쳐요. 이렇게 닭고기 분말이 만들어져요.

사료에 들어가는 모든 동물이 살균 과정을 거치지는 않아요. 하지만 건강하고 신선한 재료를 굳이 고온에서 살균할 필요가 있을까요. 렌더링을 거치는 재료는 병들었거나, 장애가 있거나, 아프거나, 그래서 이미 죽은 동물일 수 있어요. 게다가 오래되었거나 사람이 먹을 수 없는 부위일 확률도

꽤 높죠. 어떤 재료든 고온에서 살균하면 영양소 대부분이 파괴돼요. 좋은 원료라면 영양 파괴를 줄이는 건조나 동결 건조 방법이 더 좋아요.

2019년에는 유기견 사체로 동물 사료를 만들었다는 뉴스가 보도되기도 했어요. 사실 고온 살균 과정을 거쳐 가루로 만든 육분은 어떤 동물로 만들었는지 알 수 없으니 유기견 사체로 사료를 만드는 것도 불가능하지는 않아요. 그러나 유기견 사체로 동물 사료를 만드는 것은 불법이에요. 더욱이 전염병에 걸린 동물 사체를 이용해 사료를 만들면서 살균 과정을 거치지 않아 사료를 먹은 동물이 병에 걸리기도 했어요. 심지어 이런 일도 있었어요. 동물원에서 병든 낙타가 죽자, 토막 내어 호랑이 먹이로 준 사건이에요. 같이 있던 다른 낙타가 보는 곳에서 말이에요. 그 장면을 지켜본 낙타도 충격을 받았는지 건강 상태가 좋지 않대요.

이런 사건들을 보면 사람은 굉장히 냉정한 동물 같아요. 키우던 동물이 죽었다고 다른 동물에게 먹이로 던져 주는 행동을 아무렇지 않게 하니 말이에요. 사람은 살아 있는 동물을 늘 괴롭히며 생명을 유지했어요. 동물은 죽는 순간까지 사람에게 많은 것을 아낌없이 내주었고요. 하지만 우리 사회가 경제를 중요하게 생각하면서 어느 순간 모든 판단의 잣대를 돈과 연결해요. 생명의 가치는 어떤 이유로든 돈으로 따질 수 없어요. 동물을 생명체로 생각한다면, 여러 이유로 이미 죽은 동물까지 다른 동물의 먹이로 만들 필요가 있을까요? 동물에 대한 잔인한 행동이 계속될수록 인간의 본성까지 망가질 수 있어요.

14

동물의 권리는 인권과 마찬가지로
법의 보호를 누려야 한다.

세계동물권리선언 제14조 제2항

대한민국에 살고 있는 동물의 삶과 권리에 대해 점수를 매겨 본다면 몇 점일까요? 집에서 키우는 반려동물, 농장에서 키우는 가축, 동물원에서 관리하는 야생동물까지 모두 포함해서 말이에요. 아마 좋은 점수를 받기 힘들 거예요. 세계동물보호협회(WSPA)에서 평가한 점수를 보면 한국은 2020년에 D를 받았어요. 성적으로 치면 중간 점수예요. A를 받은 나라는 하나도 없고, B를 받은 나라는 영국, 스웨덴, 스위스, 네덜란드, 오스트리아뿐이에요. 우리나라가 좋은 점수를 받은 것은 아니지만, 과거와 비교한다면 아주 많이 나아졌어요.

좋은 점수를 받은 나라들은 몇 가지 공통점이 있어요. 몇백 년 전부터 동물 권리를 개선하기 위해 많은 사람이 활동했다는 점과 오래전부터 동물 권리를 법으로 보호했다는 점이에요. 더 많은 단체가 더 활발히 활동해 사회적 합의인 법으로까지 만들어 정해 놓아야만 동물이 더 나은 환경에서 존중받고 살아갈 수 있거든요.

동물의 삶과 권리를 향상하기 위해 우리는 무엇을 해야 할까요?

동물보호법과 동물보호단체가 중요해요

영국, 스웨덴, 스위스 같은 나라는 아주 오래전부터 동물보호단체와 동물보호법이 있었어요. 한국보다 100~200년 정도 빨랐어요. 한국은 1990년경에 동물보호법을 처음 만들었고 동물보호단체가 생겼거든요.

1822년 영국은 세계 최초로 가축학대방지법을 만들었어요. 소, 말, 양을 학대하면 벌금을 내거나 감옥에 가야 한다는 법이에요. 그러나 개나 고양이와 같은 다른 동물까지는 적용하지 않았어요. 그래도 이 법은 동물 복지 운동의 중요한 출발점이 되었어요. 많은 사람이 동물을 보호해야 한다는 생각을 하게 되었고, 다른 동물까지 동물 복지 영역을 넓힐 수 있는 계기가 되었어요. 그리고 2년 뒤 세계 최초 동물보호단체인 '영국 왕립동물학대방지협회(RSPCA)'가 생겼어요. 이 단체는 동물 학대를 예방·방지하고,

동물 구조 및 재활, 동물 복지 교육, 동물복지법 개정 요구 등 다양한 활동을 해 왔어요.

스위스는 18세기 중반부터 동물 복지를 인정하고 헌법으로 보호했어요. 지금은 세계에서 가장 엄격한 동물보호법으로 유명해요. 가령 고양이를 키울 때, 네 마리를 기준으로 높이 2m, 넓이 7m²를 꼭 지켜야 해요. 한 마리를 추가할 때마다 1.7m²씩 공간을 넓혀야 하고요. 또 고양이에게 장난감을 주어야 하고, 육식동물인 고양이에게 채식 먹이를 주면 안 되는 규정도 있어요. 이런 조항을 어기면 벌금을 내거나 감옥에 갈 수 있어요. 또 2002년에는 동물은 물건이 아니라는 내용을 법에 넣어 동물을 생명체로 인정하고 존중했어요.

법 조항에 동물은 물건이 아니라 생명체라고 밝혀 적은 나라는 오스트리아가 제일 먼저예요. 1988년에 동물을 생명체로 존중하며 동물은 물건이 아니라는 내용을 법에 넣었거든요. 전 세계에서 동물을 생명체로 인정하는 나라는 아직 많지 않아요. 한국도 지금은 '생명체'로 보지 않고 '물건'으로 취급해요.

동물 복지를 위한 법률은 오랜 시간에 걸쳐 아주 서서히 만들어지고 바뀌었어요. 사람들의 생각이 바뀌고 그것을 행동으로 옮기는 것은 쉬운 일이 아니니까요. 맨 앞에서 목소리를 낸 동물보호단체의 노력이 상당히 컸죠. 혼자 마음먹고 생각만 한다고 세상이 달라지지 않아요. 하지만 마음 맞는 여러 사람이 같이 행동하고 요구하면 언젠가는 법을 바꾸고 사회를 변화시킬 수도 있어요.

히틀러가 동물보호법을 만들었다고?

독일은 1933년에 동물보호법을 만들었어요. 극악무도한 독재자 아돌프 히틀러가 말이에요. 이 법에는 동물의 주거, 사료, 운송에 대한 방법, 동물 보호와 치료, 동물 학대 금지 등 다양한 내용이 있어요. 요즘 동물보호법과 거의 비슷해요. 이 법은 동물을 보호하는 데 큰 역할을 했지만, 히틀러의 정치적 목적에 더 많이 활용되었어요. 유대인 학대를 정당화하는 데 쓰였으니까요. 유대인은 종교적 관습에 따라 죽은 동물을 도축하지 않았어요. 항상 살아 있는 동물을 칼로 잡았어요. 히틀러는 유대인의 이런 종교적 관습을 비난하며 동물보호법을 들어 유대인 학대를 정당화했어요.

동물보호법만 놓고 본다면 히틀러가 만든 동물보호법은 상당히 현대적이고 다양한 내용을 다뤘어요. 전 세계 많은 국가가 동물보호법을 만들 때, 독일 동물보호법을 참고할 정도예요. 몇 번의 개정을 거친 독일 동물보호법은 전 세계에서 동물이 가장 살기 좋은 법으로 완성되었어요. 독일 동물보호법 제1조 내용이에요.

> 이 법률의 목적은 반려 생명체로서의 동물을 위함이며, 그들의 생명과 건강을 인간의 책임으로 보호하기 위함이다. 그 누구도 합리적 이유 없이 동물에게 고통, 괴로움 또는 손해를 입혀서는 안 된다.
>
> 독일 동물보호법 제1조

1990년에는 민법에 "동물은 물건이 아니다."라는 문장을 추가했어요.

> 동물은 물건이 아니다. 동물은 별도의 법률에 따라 보호된다. 물건에 관한 규정은 유사 규정이 존재하지 않을 때 한하여 동물에 적용한다.
>
> 독일 민법 제90a조

여러 번 강조했지만, 국가에서 동물을 '생명체'로 인정하는지, '물건'으로 인정하는지가 매우 중요해요. 이 기준에 따라 동물에 대한 대우가 완전히 달라져요. 우리나라 동물보호법의 목적을 볼까요.

> 제1조(목적) 이 법은 동물에 대한 학대 행위의 방지 등 동물을 적정하게 보호·관리하는 데 필요한 사항을 규정함으로써 동물의 생명 보호, 안전 보장 및 복지 증진을 꾀하고, 건전하고 책임 있는 사육 문화를 조성하여, 동물의 생명 존중 등 국민의 정서를 기르고 사람과 동물의 조화로운 공존에 이바지함을 목적으로 한다.

우리나라의 동물보호법 어디에도 동물을 생명체로 본다는 내용이 전혀 없어요. 만약 독일, 스위스, 오스트리아처럼 동물을 '생명체'로 인정한다면, 우리나라 동물보호법 제1조인 목적도 완전히 달라지겠죠.

돼지에게 장난감을

유럽 여러 국가는 유럽연합(EU)으로 뭉쳐 하나의 국가처럼 움직여요. 그래서 유럽연합에서 만든 법은 유럽 모든 국가 내에서 효력이 있어요. 유럽연합이 만든 동물복지법도 마찬가지고요.

유럽연합에서 만든 동물복지법에 재미있는 조항이 있어요. 사육하는 모든 돼지에게 장난감을 주어야 한다는 내용이에요. 돼지 장난감도 종류가 꽤 많아요. 돼지는 넓은 농장 안에서 장화, 축구공, 나무토막 등을 가지고 놀아요. 덴마크는 돼지를 더 특별하게 대우해요. 장난감은 물론이고, 진흙 목욕도 할 수 있거든요. 돼지는 땀샘이 없어서 뛰어놀다 보면 몸이 빨리 뜨거워져요. 체온이 올라가면 스트레스를 받아 건강이 나빠질 수 있어요. 그래서 진흙 웅덩이에 들어가 몸을 뒹굴면서 체온을 떨어뜨려야 해요.

이렇게 돼지를 키우면 어떤 점이 좋을까요?

돼지가 좁은 공간에서 움직이지 못하거나 체온이 올라가면 스트레스를 받아요. 스트레스가 심하면 다른 돼지의 꼬리를 물기도 해요. 공장식 농장에서는 돼지의 이런 행동을 막기 위해 새끼 때 꼬리를 잘라 버리죠. 또 좁은 공간에서 움직이지 않고, 살이 빨리 찌는 사료만 먹으면 면역력이 떨어져 병에도 쉽게 걸려요. 농장 주인은 돼지가 죽는 것을 막기 위해 항생제 주사를 자주 놓아요. 이런 고기를 먹으면, 사람 몸속에 항생제가 조금씩 쌓여요. 계속 먹다 보면 사람도 항생제에 대한 내성이 생겨 바이러스에 감염되었을 때 치료제 찾기가 어려울 수 있어요.

한국 농장에 있는 돼지 대부분은 좁은 공간에서 거의 움직이지 못하고 살아요. 110cm 정도 되는 돼지가 길이 2m, 폭 60cm 정도 되는 좁은 곳에 사니까요. 이런 곳을 '스톨'이라 불러요. 우리나라 돼지는 6개월이라는 짧은 기간 동안만 살아 있으면 돼요. 생명을 연장하기 위해 항생제를 맞으면서요.

한국에도 유럽처럼 돼지에게 장난감을 주는 곳이 있긴 해요. 하지만 아주 적어요. 2022년 기준으로 동물 복지 인증을 받은 곳은 400곳 정도밖에 되지 않아요. 한우 농장 6곳, 젖소 농장 31곳, 돼지 농장 18곳, 나머지는 산란계와 육계 농장이 차지해요. 소나 돼지 농장은 정말 얼마 안 돼요. 동물 복지 달걀이나 닭고기에 대한 인식은 좋아졌지만, 소고기와 돼지고기와 우유 등에 대한 인식은 많이 부족한 상태예요. 염소나 오리 등 다른 축산 농장은 아예 없고요. 동물 복지 인증을 받으려면 많은 돈이 필요하고 그만큼 축산물은 가격이 비쌀 수밖에 없어요. 비싼 가격은 시장에서 경쟁력이 떨어지고요. 소비자도 생산자도 모두 경제적 이유 때문에 선택을 주

돼지의 생태를 이해하고
소의 습성을 지키는 일
동물 복지의 시작

저하죠. 눈앞에 보이는 경제적 이익이 과연 생명에 대한 존엄성을 지키고 건강한 미래를 그리는 것보다 더 중요할까요.

한 발씩 더 나아가요!

2022년 대한민국 동물보호법이 바뀌면서 예전보다 조금 나아졌어요. 하지만 유럽과 비교하면 아직도 많이 부족해요. 동물이 조금 더 나은 환경에서 존중받고 살아가려면, 어떻게 해야 할까요?

인권처럼 동물 권리도 법으로 보호하는 것이 가장 효과적이에요. 이런 일은 혼자보다 여러 명이 같이 행동해야 더 빨리 이뤄 낼 수 있어요. 그래서 동물보호단체의 역할이 중요하고요.

한국에서는 1990년부터 동물보호단체가 하나둘 생기기 시작했어요. 처음에는 반려동물 중심으로 활동했어요. 유기견이나 유기묘를 돌보고, 불법으로 개를 사용하는 곳에서 강아지를 구조하는 활동 등을 많이 했어요. 2020년대에 들어와 가축, 야생동물, 산업 동물, 전시 동물까지 활동 영역을 조금씩 넓히고 있어요. 동물보호법 개정을 위해서도 목소리를 높이고 있고요.

동물보호단체에 회원으로 참가하여 같이 행동하는 것도 동물 보호와 동물 권리 향상에 큰 도움이 돼요. 혼자서 할 수 없는 일도 여러 명이 모이면 가능하거든요. 그래야 법이 바뀌고, 동물 권리도 향상될 수 있어요. 동물 복지 인증 제품을 찾아 구입해 쓰는 일도 중요해요. 비싸서 경제적으로 부담이 된다면 육류 소비를 조금씩 줄이는 방법도 있어요. 물론 더 많은 농장에서 동물 복지 축산 농장 인증을 받을 수 있도록 국가에서 지원책을 마련하는 노력도 꼭 필요해요.

사람에게 인권이 있다면, 동물에게는 동물의 권리가 있어요. 인권이 인간에게 인간다운 생활을 보장하는 장치라면, 동물 권리는 동물에게 필요한 최소한의 이익을 보장하는 장치예요. 동물에게 필요한 최소한의 이익은 자유롭게 번식할 수 있는 환경을 만들어 주는 것이고요.

인간과 동물은 지구에 터를 잡고 살아가는 아주 작은 생명체에 불과해요. 인간과 동물이 서로 권리와 이익을 존중하면서 공존한다면, 지구 생태계는 더 건강하고 오랫동안 유지될 수 있습니다.

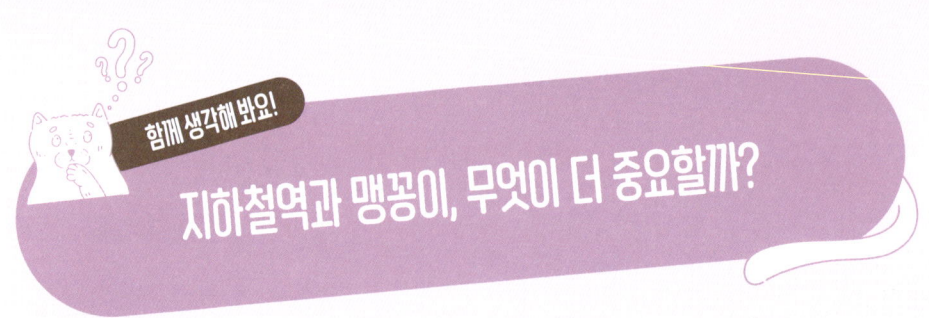

도시 개발과 생태계 보호, 무엇이 우선일까요?

개발이 우선이다

동물은 동물일 뿐
야생동물은 인간과 다른 생명체로 인간이 야생동물을 보호하고 책임을 지는 것은 바람직하지 않다.

개인의 이익 침해
개발이 필요한데, 이를 제한하는 것은 인간의 자유를 억압하고, 공공 및 개인의 이익을 침해하는 행위다.

합리적 선택
야생동물을 보호하기 위해 지나치게 비용을 투자하는 것은 사회적 손실이자 불필요한 행위다. 야생동물보다 국제 문제인 기아, 난민 해결 등을 위해 돈을 사용하는 것이 더 합리적이다.

생태계 보호가 우선이다

인간도 생태계 일원
모든 생물은 미로처럼 연결되어 생태계 안에서 각자 역할을 하기 때문에 한 종이라도 없으면 안 된다. 무엇보다 인간도 생태계 속 일원이다.

생물 다양성
야생동물은 생물 다양성의 중요한 구성 요소 중 하나로서 반드시 보호해야 한다.

멸종으로 가는 지름길
개발, 환경 오염, 지구 온난화로 파괴된 야생동물 서식지는 곧 멸종으로 이어진다. 멸종은 생태계를 위협하고 이는 곧 인간에게 재앙으로 다가온다.

부록

함께 읽는
**세계
동물권리선언**

조화로운 공존을 위한
세계 기념일들

함께 읽는
세계동물권리선언

세계동물권리선언문은 1978년 10월 15일 파리 유네스코 본부에서 엄숙하게 선포되었어요. 1989년 국제동물권리연맹에 의해 개정된 이 선언문은 1990년 유네스코 사무총장에게 제출되었고 같은 해에 공표되었습니다.

서문

- 모든 동물은 권리가 있으므로
- 동물의 권리에 대한 무시와 멸시는 자연과 동물에 대한 인간의 범죄로 이어져 왔고, 범죄는 계속되고 있으므로
- 다른 동물 종의 생존권에 대한 인류의 인지는 동물 세계 전체에 걸친 종 간 공존의 토대이므로
- 인간은 동물에 대한 대량 학살을 자행해 왔고, 대량 학살의 위협은 계속되고 있으므로
- 동물에 대한 존중은 인간에 대한 존중으로 이어지므로
- 어린 시절부터 인간은 동물을 관찰하고, 이해하고, 존중하고, 사랑할 것을 배워야 하므로

이것을 선언한다.

제1조
모든 동물은 생명에 대한 동등한 권리와 동등한 생존권을 가지고 태어난다.

제2조
1. 모든 동물은 존중받을 권리가 있다.
2. 인간은 하나의 동물 종으로서 다른 동물을 몰살하고, 비인도적으로 착취할 권리를 남용하지 않는다.
   동물의 복지를 위해 인간의 지식을 사용하는 것이 인류의 의무이다.
3. 모든 동물은 인간으로부터 관심 및 보살핌, 보호받을 권리를 가진다.

제3조
1. 어떤 동물도 학대받거나 잔인한 행위를 당해서는 안 된다.
2. 동물을 죽여야 하는 경우, 이는 즉각적이고 고통 없이 이루어져야 한다.

제4조
1. 모든 야생동물은 땅, 하늘, 또는 물 어디든 자연환경에서 자유를 누릴 권리가 있고, 번식이 허용되어야 한다.
2. 교육적인 목적이라 할지라도, 자유의 박탈은 이러한 권리를 침해하는 것이다.

제5조

1. 전통적으로 인간 환경에 사는 동물은 그 종 특유의 생태와 습성을 지키며 자유로운 상황(조건)에서 살고 성장할 권리가 있다.
2. 동물의 종 번식을 위한 생태와 습성 및 자유로운 상황(조건)에 대한 인간의 간섭은 권리 침해이다.

제6조

1. 모든 반려동물은 그들의 자연 수명을 다할 권리가 있다.
2. 동물을 유기하는 것은 잔인하고 품위를 떨어뜨리는 행위이다.

제7조

가축에게 일을 시킬 때는 일의 강도와 시간을 제한해야 하고 지쳐 쓰러질 때까지 일을 시키면 안 된다. 동물은 충분한 영양을 섭취하고 휴식할 권리가 있다.

제8조

1. 과학적, 의료적, 상업적, 어떠한 연구 목적에서든 신체적 또는 정신적 고통을 수반하는 동물실험은 동물의 권리와 양립할 수 없다.
2. 대체 방법을 사용하고 개발해야 한다.

제9조

식품 산업에서 동물이 사용될 경우, 동물을 사육하고 운송한 뒤 도살 전 우리에 가두는 과정에서 고통을 겪지 않아야 한다.

제10조

1. 어떤 동물도 인간의 유희를 위해 착취해서는 안 된다.
2. 동물과 관련된 전시 및 구경거리(쇼)는 동물의 품위와 양립할 수 없다.

제11조

동물을 무자비하게 죽이는 모든 행위는 생명 파괴, 즉 생명을 위협하는 범죄이다.

제12조

1. 야생동물을 집단 살생하는 것과 관련된 모든 행위는 대량 학살, 즉 그 종에 대한 범죄이다.
2. 자연환경을 오염시키고 파괴하는 것은 대량 학살로 이어진다.

제13조

1. 죽은 동물은 정중하게 대우를 받아야 한다.
2. 동물과 관련된 폭력적인 장면은 인도적인 교육을 제외하고는 영화 및 TV에서 금지되어야 한다.

제14조

1. 동물의 권리를 수호하는 운동의 대표자는 정부의 각계각층에서 효과적인 목소리를 내야 한다.
2. 동물의 권리는 인권과 마찬가지로 법의 보호를 누려야 한다.

조화로운 공존을 위한
세계 기념일들

인간의 삶이 풍요로워지면서 동물의 삶은 오히려 더 나빠졌어요. 어떤 동물은 이미 사라졌고, 어떤 동물은 멸종 위기에 놓였고, 어떤 동물은 고통 속에 죽어 갑니다. 자연과 동물은 우리 인간 삶에 귀중한 존재이며, 함께 살아가야 하는 지구 공동체의 일원입니다. 동물을 사랑하고 존중하며 보호하는 일은 지구 공동체를 잘 지키는 방법 중 하나고요.

세상에는 어느 것 하나 불필요한 존재는 없어요. 모두 각자 맡은 역할이 있으니까요. 이를 깨닫고 자연과 생명의 소중함을 기리며, 오랫동안 지구 공동체를 조화롭게 이끌기 위해 국제 사회가 기념일을 정해 다양한 활동을 벌이고 있답니다. 지구에서 살아가는 모든 생명체가 행복하게 공존하기 위해 모두가 눈여겨봐야 할 세계 기념일을 살펴볼게요.

2월 2일 — 세계 습지의 날 World Wetland Day

1971년 12월, 세계자연기금(WWF) 18개국 정부가 이란의 람사르에 모여 많은 생명체가 살아가는 습지의 중요성을 깨닫고 보전하기 위해 협약을 체결하고 '세계 습지의 날'을 정했어요. 각 회원 국가는 습지를 보호할 의무가 있으며, 가입할 때 국제적으로 중요한 습지를 1개 이상 보호지로 지정해야 해요.

대한민국은 1997년 람사르 협약에 가입하면서 강원도 인제 대암산에 있는 용늪을 1호로 지정했어요. 환경부와 해양수산부에서 공동으로 이날을 기념하며 세미나, 연구 발표, 탐조 대회 등 다양한 행사를 열고 있어요.

3월 3일 — 세계 야생동식물의 날 World Wildlife Day

1973년 3월 3일, 세계자연보전연맹(IUCN)에서 멸종 위기에 있는 동식물의 나라 간 거래를 막고 보호하기 위해 사이테스 협약(CITES)을 채택했어요. 1973년 미국 워싱턴에서 세계 81개국이 참여해 협약을 체결했기 때문에 워싱턴 협약이라고도 해요. 이 협약은 멸종 위기에 처한 야생동식물의 국제 거래를 특별한 이유가 없을 때는 제한함으로써 멸종 위기에 처한 야생동식물을 보호하는 협약이에요. 대한민국은 1993년에 가입했답니다. 그리고 사이테스 당사국 총회에서 협약이 채택된 3월 3일을 '세계 야생동식물의 날'로 지정했어요.

멸종위기종은 인간이 나서서 보호하지 않으면 지구상에서 완전히 사라질 위기에 처한 동물이에요. 각종 개발, 무분별한 포획, 사냥, 밀렵 등으로 동물 서식지가 점점 사라졌어요. 현재 많은 과학자가 수십 년 내로 지구 생물종의 3분의 2에 해당하는 100만 종이 멸종할 것으로 예상해요. 모든 생물은 서로 밀접하게 상호 작용하기 때문에 한 생물종이 사라지면 다른 종도 영향을 받아요. 동물의 멸종이 늘어나면, 머지않은 미래에 지구 생물종 중 하나인 인간도 영향을 받을 수 있죠. 그래서 생물종 보호는 중요해요.

3월 20일 세계 참새의 날 World Sparrow Day

2010년 인도의 환경단체인 네이처 포에버 소사이어티와 프랑스의 에코-시스 액션 재단이 멸종 위기에 놓인 참새를 보호하기 위해 '세계 참새의 날'을 만들었어요. 참새는 사람이 사는 곳에 살며 떼를 지어 날아다녀요. 곡식 낟알을 쪼아 먹기도 하지만, 해충을 더 많이 잡아먹기 때문에 농사에 큰 도움이 됩니다.

70여 년 전 쌀 수확량을 늘리기 위해 벼 이삭을 쪼아 먹는 참새 소탕 작전을 벌였다가 오히려 대기근을 맞아 중국인 4천만 명이 굶어 죽은 사건을 돌이켜 보면 작은 참새의 소중함을 알 수 있어요.

3월 21일 세계 숲(산림)의 날 International Day of Forest

2012년 국제연합 총회에서 각국 정부, 기업, 시민 단체 등에게 산림의 중요성을 알리는 국제적인 노력에 같이 참여할 것을 요구하며 '세계 숲의 날'을 지정했어요. 숲은 지구 생태계에서 매우 중요한 부분을 차지해요. 산소 배출, 대기 정화, 홍수 방지, 기후 조절 등 다양한 역할을 합니다. 무엇보다 수많은 생물종의 서식지이기도 하죠. 그러나 산불, 개발, 산림 벌채, 산림 파괴 등 인간 활동으로 많은 숲이 사라졌어요. 특히 지구의 허파라고 불리는 아마존 열대 우림은 2021년까지 18퍼센트 사라졌으며, 지금도 계속 파괴되고 있어요.

4월 24일 세계 실험동물의 날 World Day for Laboratory Animals

1979년 영국 동물실험반대협회에서 실험동물의 복지, 과학 연구의 윤리적인 측면을 강조하기 위해 지정했어요. 세계 실험동물의 날에는 실험동물의 윤리적 사용, 실험동물에 대한 존중과 보호의 중요성, 대체 방법, 실험동물 사용을 최소화하기 위한 노력 등에 대해 알리고 홍보해요.

5월 22일 세계 생물종 다양성 보존의 날 International Day for Biological Diversity

1994년 생물 다양성 협약 가입국 회의에서 12월 29일을 '세계 생물종 다양성 보존의 날'로 정했지만, 2001년부터 5월 22일로 날짜를 바꾸었어요.

생물종 다양성을 보존하는 일은 자연 보호와 자원 관리 측면에서 중요해요. 생물종 다양성이란 종·유전자·생태계의 다양성을 뜻해요. 첫 번째 종 다양성(species diversity)은 지구에 서식하는 동식물, 곤충, 미생물 등 지구의 다양한 환경에 적응하며 살아가는 생물 종류가 많다는 걸 의미해요. 두 번째 유전자 다양성(genetic diversity)은 지구에 사는 생물의 유전 정보가 다양하다는 것을 말해요. 마지막으로 생태계 다양성(ecosystem diversity)은 한 지역에 서식하는 생물종 군집이 비생물적인 환경 요인과 어울려 만드는 생태계 구성 요소의 다양성을 의미해요.

지구 생태계는 매우 복잡한 기계처럼 작동해요. 작은 부품 하나가 고장 나도 기계가 작동을 멈추듯, 다양한 생물의 상호 작용이 올바로 이루어질 때 생태계를 건강하게 유지할 수 있어요. 오늘날 지구에서 살아가는 야생동물은 1,300만에서 1,400만에 이를 것으로 추정하며, 인간에게 알려진 것은 13퍼센트 정도예요. 인구 증가, 도시 개발, 환경 오염으로 해마다 2만 5천 종에서

5만 종이 사라지고, 2000년대까지 100만 종, 20~30년 이내에 지구 전체 생물종 25퍼센트가 멸종할 것으로 예측해요.

6월 8일 세계 해양의 날 World Oceans Day

1992년 지구 환경 문제를 논의하는 국제 회의인 브라질 리우 회의에서 캐나다가 해양 오염의 심각성을 알리고 바다의 소중함을 일깨우자는 취지로 '세계 해양의 날'을 제안하고, 2008년 이후 국제연합에서 공식적으로 채택한 날이에요. 세계 각국에서 정부는 물론 환경단체가 나서 바다를 보호하기 위한 여러 활동을 진행한답니다.

10월 2일 세계 농장 동물의 날 World Farm Animals Day

1983년 미국 동물권 운동가 알렉스 허샤프트가 10월 2일을 '세계 농장 동물의 날'로 지정했어요. 소, 닭, 돼지 등 농장 동물이 어떤 고통을 겪는지 알리고, 동물에 대한 비인도적 행위를 개선하기 위해 제정했죠. 동물권(animal rights)은 인권을 확장한 개념이에요. 동물 역시 지각과 감각 능력이 있기 때문에 사람처럼 생명권을 지키고, 고통을 피하고, 학대당하지 않을 권리가 있어요.

간디는 "한 국가의 위대함과 도덕성은 그 나라의 동물이 어떤 대우를 받는지에 따라 판단할 수 있다."는 말을 남겼어요. 간디의 이 말을 기억하기 위해 간디 생일인 10월 2일을 세계 농장 동물의 날로 정했다고 해요.

10월 4일 세계 동물의 날 World Animal Day

1931년 이탈리아 피렌체에서 열린 생태학자 대회에서 동물 권리와 복지 증진, 동물 보호 장려, 인간과 동물의 유대감 강화, 멸종 위기에 놓인 동물 보호를 위해 '세계 동물의 날'을 제정했어요.

해마다 이날에는 전 세계적으로 동물 보호를 위해 다양한 활동을 해요.

10월 14일 세계 철새의 날 World Migratory Bird Day

2006년 유엔환경계획 산하 야생동물 국제 협약인 아프리카-유라시아 이동성 물새 협정(AEWA)과 이동성 야생동물 보호 협약(CMS)이 철새와 서식지 보존의 필요성을 전 세계적으로 알리기 위해 '세계 철새의 날'을 지정했어요.

매년 5월과 10월 둘째 주 토요일에 세계 각지에서 다양한 캠페인과 행사가 열리며, 철새 축제와 교육 프로그램, 탐조 행사 등이 진행돼요.

12월 5일 세계 토양의 날 World Soil Day

2013년 국제연합은 토양의 중요성을 알리고 토양을 자원으로 보존하기 위해 '세계 토양의 날'을 지정했어요.

토양은 생물의 생산, 배양, 분해·정화, 양분·수분·탄소 등 저장 및 각종 산업 원료 공급, 생물 다양성 보존 등 다양한 기능을 담당하는 소중한 자원이에요. 그러나 토양은 급속한 도시화와 산업화, 대규모 농업, 무분별한 산림 개발로 심각하게 오염되고 훼손되었어요.

국제연합 식량농업기구(FAO)의 조사에 따르면, 지금처럼 토양 훼손이 계속되면 2050년에는 전 세계 1인당 경작 가능한 땅이 1960년 대비 4분의 1 수준으로 줄어든다고 발표했어요.

12월 11일 세계 산의 날 International Mountain Day

국제연합이 '리우 선언' 10주년인 2002년을 '세계 산의 해'로 선언하고, 2003년 산림의 가치를 알리고, 산림 보호를 위해 '세계 산의 날'을 지정했어요. 리우 선언은 1992년 브라질 리우데자네이루에서 '지구를 건강하게, 미래를 풍요롭게'라는 목표를 내걸고, 178개국 대표단과 6천여 개 순수 민간단체(NGO)가 모인 국제연합 환경개발 회의에서 채택한 선언이에요. 환경 보전과 개발을 조화롭게 유지하며 지속 가능한 발전을 실현하기 위해 다양한 고민들을 해요.

무분별한 벌목과 도시 개발로 산의 면적이 점점 줄어들었어요. 산림 훼손은 인간뿐만 아니라 많은 생물의 보금자리까지 위태롭게 만들며, 기후 변화에 큰 영향을 미쳐요. 대한민국에서는 세계 산의 해 선언을 계기로 매년 10월 18일을 '산의 날'로 정해 산의 가치와 소중함을 깨닫고, 산을 보호하기 위해 관련 세미나, 산림 보호 행사 등을 열어요.